かつて最先端だった流線形の蒸気機関車から今年開業60周年を迎えた新幹線まで……．時代と国を超えて，憧れのスターたちがビッグサイトに集う．国際鉄道模型コンベンションを象徴する世界の特急歴史絵巻

第23回 JAM 国際鉄道模型コンベンション 公式記録集

国際鉄道模型コンベンション実行委員会

JAMイメージキャラクター
JAMっ娘
つばめちゃん　はつかりちゃん
イラスト：choco

第23回 国際鉄道模型コンベンションに寄せて

NPO法人日本鉄道模型の会 理事長　平井 憲太郎

2000年夏に西新宿NSビルで国際鉄道模型コンベンションは第1回が開催された．それまでにも銀座の松屋で開催されていた「Nゲージショウ」を始めとして大規模な鉄道模型イベントは数多くあったが，いずれも鉄道模型メーカー，あるいは業界団体が主催するもので，ユーザーである鉄道模型の愛好者はあくまでも「お客様」であった．

米国では1935年に鉄道模型愛好者の連合体であるNMRA（全米鉄道模型者協会）が結成され，国内各地で毎年ナショナル・コンベンションを開催してきた．開催されなかったのは第2次大戦最終年の1945年とCOVID-19の2020年だけ（2021年はバーチャルで開催された）で，88回も開催された計算になる．

このコンベンション，現在のJAMコンベンションと違って基本的に参加者は事前に登録したNMRA会員のみで，会期最終の3日間だけ，一般客の入場できる展示会（模型メーカーの展示やモデラーのモジュールレイアウトでの運転など）が開かれる，という形態であった．

これにならってスタートしたのが国際鉄道模型コンベンションだったので，2000年の第1回は事前登録制で開催．本場にならって様々な講習会を「クリニック」と名付けて開催したり，広い会場で模型メーカーの製品展示やモデラーの運転を行う形だった．

結果的にこの方式は，それまでの模型イベントに慣れてきたモデラーに混乱を与えてしまって失敗に終わり，翌年から会場をさらに広い東京ビッグサイトに移して，入場券方式に切り換えて再スタートしたのである．

鉄道模型には限らないのかもしれないが，趣味というものは，成果を他人に見てもらって初めて，達成感も得られるし，さらなる向上を目指す動機にもなる．当コンベンションの出展形態にはマイナーチェンジが繰り返し行われてきて，多くのモデラーに次の作品へのインスピレーションを与える場として，いまやかけがえのないものとなりつつある．

2015年の第16回以降，運営を引き受けてくださった井門コーポレーションを中心とした実行委員会の皆様が，当初の趣旨を引き継いで運営に当たってくださったおかげで，このコンベンションがこれまで以上にモデラーにとっても，模型メーカーにとってもなくてはならないものと成長してきたことに，24年前の第1回開催に関わったものとして，深甚なる感謝を捧げたい．

「第23回 国際鉄道模型コンベンション」

　第23回国際鉄道模型コンベンションでは初日、台風が接近し、スタッフ一同一抹の不安を抱えての開場となりましたが、結果3日間の来場者が23,324人と昨年には僅かに及ばなかったものの、全国各地より本当に多くのお客様にご来場をいただきました。
　中でも開催2日目、8月17日の来場者数は10,334名と、国際鉄道模型コンベンション始まって以来最高値を記録しました。鉄道模型に対する関心の高さと層の厚さ、鉄道模型が決して一部の方たちの特別な趣味ではなく広く認知されていることに、喜びを感じずにはいられません。
　今回は過去最高となる74団体のモデラー、56企業による出展をいただき、普段目にすることができない息を呑むような卓越した作品をはじめ、さまざまな表現方法や技術を目の当たりにし、鉄道趣味が日に日に発展していることを感じた次第です。また、企業出店では新製品の数々を来場者に間近で見ていただき、直接アピールでき大いに手応えを感じたと、メーカーの担当者からの声も聞いております。
　また、恒例となるクリニックでは、各分野におけるエキスパートの方々による22講座を開催、どの講座も立見となる盛況ぶりで、受講された皆様の真剣な眼差しが大変印象的でもありました。活発な意見交換が行われる一幕もあり、講師・受講者の一体感を感じました。一方特設ステージでは車輌デザイナー、写真家、元国鉄マン、エンタメ業界からは女優、歌手、落語家な

JAM 2024 CONTENTS

ご挨拶　　　　　　　　　　　（実行委員長　小室 英一）	4
第23回 国際鉄道模型コンベンション テーマ　特急	6
<トークショー>「国鉄L特急・TEEの時代」より	
最盛期のL特急を語る　　　　　　　　（南 正時）	10
写真展示より	
追憶の特急列車　蒸機牽引特急の記録	15
<クリニックより>	
国鉄の特急用蒸気機関車　　　　　　（髙木 宏之）	22
特別展示　#トミックス撮り鉄	28
「鉄道模型考古学」松本吉之コレクション	30
TMS Presents エコーモデルの50年	31
第7回 日本モデル・オブ・ザ・イヤー®	34
ディテールを追求した魅惑の5inライブスチーム	
蓮田第一機関区「配置機関車」	38

鉄道模型クリニック	
〜モデラー秘密のテクニックや実物の解説を間近で学ぼう！〜	42
車齢を重ねた鋼製車のヌルッと感に徹底的にこだわる！	
ガタピシ表現でゴハチを作る　　　　（まるお）	43
Oナローゲージで作るアメリカンレイアウトの楽しみ方（阪本 昇次）	47
北陸本線 特急全盛時代　　　　　　（関 良太郎）	47
南九州の蒸気機関車　　　　（成田 冬紀・井門 義博）	48
中国最後の蒸機優等列車　　（髙野 陽一・古谷 邦雄）	48
完成車輌 プラスワン　　　　　　　（西橋 雅之）	49
地方私鉄 失われた情景　　　（風間 克美・名取 紀之）	49
世界のレトロ電車めぐり　　　　　　（服部 重敬）	50
最後のC62特急「ゆうづる」　　（大山 正・松本 謙一）	51
韓国鉄道探訪　　　　　　　　　　　（加坂 紳）	52
線路を極める　　　　　　　（戸枝 裕雄・鴨志田 敏行）	53
	ほか
モデラー出展 前編	54

ご来場ありがとうございました！

　ど各界を代表する鉄道好きにお集まりいただき，講演からトークショーまで多彩な催しを開催，会場は大いに盛り上がりました．

　さらに，各種コンテストではこの日に向け調整を重ねた車輌が記録に挑戦，ギャラリーが手に汗握り見守る中，スピードや牽引力などのパワーを披露．今年は鉄道模型のスピード世界記録に挑戦しましたが，惜しくも新記録達成は次回に持ち越しとなりました．

　改めましてこの場をお借りしてご来場いただきましたお客様，ご出展いただきましたモデラー，企業の皆様，ステージ，クリニックで国際鉄道模型コンベンションにご協力をいただきました皆様に厚く御礼を申し上げます．

　今後も鉄道模型の楽しさとその魅力を多くの方々に知っていただき，理解を深めていただける一助となるようスタッフ一同，更なる研鑽を積んでまいりますので引き続きご支援のほどお願い致します．

　第24回国際鉄道模型コンベンションは2025年8月8日（金曜日）から8月10日（日曜日）までの3日間，東京ビッグサイト西1ホールで開催を致します．

　本当にありがとうございました．また来年お会いしましょう！

国際鉄道模型コンベンション実行委員長　小室 英一

鉄道模型競技会	76
スピードコンテスト	77
牽引力コンテスト	82
登坂力コンテスト	83
低速コンテスト	84
モデラー出展　後編	85
イベントダイジェスト	99
メーカー・ショップ大集合 企業出展	104
乗務員が語る蒸機時代8（最終回）私が乗務した思い出の列車（宇田 賢吉・大山 正・川端 新二）	114
第8回 フォトコンテスト 特急列車	118
南 正時写真展より 黄金時代のヨーロッパ特急列車	122
南 正時写真展より 懐想のブルートレイン	126
会場配置図	128
実行委員紹介	130
JAMの歴史	2
第23回 国際鉄道模型コンベンションに寄せて（平井 憲太郎）	3
データで見る　第23回 国際鉄道模型コンベンション	131
第24回 国際鉄道模型コンベンション案内	131

第23回国際鉄道模型コンベンション
テーマ 特急

欧亜連絡の夢を乗せた栄光の1・2列車の時代から特別急行（特急）は常に時代の先端を駆けた最優等列車でした．蒸機から電機，電車・気動車へと変貌しましたが，その疾走する姿は多くの人々を魅了し続けています．食堂車・展望車を連結した勇姿は過去のものですが，模型の世界では今もなお駆け巡っています．

〈とき〉 181系　上越線　渋川－敷島　1979　撮影：南　正時（写真展「全盛期の電車・気動車特急」より）

〈はつかり〉 583系 東北本線 小川原ー三沢 1976 撮影：南 正時（写真展「全盛期の電車・気動車特急」より）

〈トークショー〉「国鉄L特急・TEEの時代」より
最盛期のL特急を語る

南 正時（写真家）　　聞き手：赤城隼人

▶特設ステージ 8月17日　16：00～17：30

撮影：南　正時（列車写真はすべて）
南正時写真展「全盛期の電車・気動車特急」展示写真

●北陸にも"こだま"が来た！

まずモニターに映し出されたのが，『Nゲージ入門』という本．著者に「南正時・長谷川章」とある．

「この本は1980（昭和55）年に実業之日本社から出した本です．私のことを写真一本と思っていらっしゃる方が多いですが，実は模型もやっているのです．鉄道模型のイベントですから，この本を探し出してみました．

『Nゲージ入門』の表紙

ボンネットの485系〈雷鳥〉．北陸本線の新時代を告げた　新疋田－敦賀　1977

この本は子供向けの本で，Nゲージ製品がやっと出揃った頃でした．私たちもNゲージには多くの疑問が湧いてきましたが，その疑問を解決して子供向けに答えたような内容です．編集は長谷川章さんで，『レールガイ』（1976～1981年）という鉄道雑誌の編集長だった方です．この長谷川さんが編集して，私は写真の担当です．本のために小さなレイアウトを作ったのですが，出版社の方が「南川鉄道」という名前を付けてくださいました．

その頃，私は個人でも16番の組立式のレイアウトを持っていまして，ほとんどが〈ラインゴルト〉とか〈セッテベロ〉といった外国型の編成で，日本型では私の大好きなDD54と20系〈出雲〉のフル編成を持っていました」

と，南氏が鉄道模型とのつながりを披瀝して本題の特急列車のトークに入った．

まずは南氏の故郷，武生を通る北陸本線から．

「これは485系の〈雷鳥〉ですが，撮影した頃はL特急という呼び名はなく本数も少なかった

ですね．特急がまだ貴重だった時代の名残がありました．北陸本線が電化され走り始めた時は〈第1雷鳥〉〈第2雷鳥〉で1日2往復でした」

「このボンネットは東海道本線の151系〈こだま〉型を踏襲しているものですね．交直流電車でもこのスタイルでいこうと．この最先端のスタイルの電車に沿線は沸いたことでしょうね．この交直流特急電車が登場して特急のネットワーク広がっていったわけですね」と赤城氏．

「私は〈雷鳥〉が走り始めた時には中学生でした．このボンネット特急を見た時は本当に胸が高鳴りましたね．"こだま"が来た！って」

上り〈雷鳥〉は敦賀～新疋田間で"鳩原ループ"を通る．上下線のルートが異なる山越え区間だが，この区間での〈雷鳥〉同士のすれ違いの写真を見ながら，

「定時ではここですれ違いません．私の撮影はすべて手持ちです．この時はまったくのハプニングだったのですが，そんな時でもすぐに対応できますね．三脚に頼っていたらこうはいきません」と南氏は撮影スタイルについて一言．

偶然にも鳩原ループ線の交差部分で485系〈雷鳥〉同士がすれ違った　敦賀－新疋田　1977

鳩原ループ線を行く485系〈雷鳥〉．直線でくぐっているのが下り線である　敦賀－新疋田　1987

北陸トンネルを出た485系〈雷鳥〉 敦賀―南今庄 1990

クロ481・サロ481を上野寄りに連結した485系〈ひばり〉 郡山 1976

磐梯山をバックに快走する485系〈あいづ〉 翁島―磐梯町 1974

ヒゲなし赤スカートのクハ481を先頭にした〈ひたち〉 石岡―高浜 1985

「蒸気機関車撮影の場合は特に，煙が立ったり流れたりするので手持ち撮影を強くお勧めします．傑作への近道ですよ」

トンネルの写真が映し出された．

「これは短いトンネルの外から望遠レンズで撮った485系の〈雷鳥〉です．奥のトンネルが北陸トンネルです．私は故郷の武生に帰省するさいには必ず北陸本線の写真を撮っています．北陸トンネルはなかなか撮る場所がなく，ちゃんとした構図になるのはここぐらいでしょう」

「今庄側ですね」

「保線区員が常駐している保線小屋があって，ことわりを言ってその脇で撮ったものです」

北陸本線では"鳩原ループ"を俯瞰した写真が映し出されたが，南氏いわく，ここは現在では保安のため立入禁止になっているとのことだった．現在は草木も茂って風景は様変わりしてしまったとも．ここに限らず撮影地の風景も，特急全盛期から大きく変わってしまったようだ．

●特急街道だった東北本線

東北本線郡山の上り〈ひばり〉の写真では，

「先頭車にグリーン車が付いているのですよ．クロ481．これは往年の151系〈こだま〉のクロ151パーラーカーを彷彿させました」

「2輌目もグリーン車です．この編成は〈あいづ〉にも共通運用で使われていましたね」

上野～仙台の〈ひばり〉と並んで，東北本線を代表する列車が上野～青森の〈はつかり〉，上野～盛岡の〈やまびこ〉だった．東北新幹線開業前の1982年の時刻表では〈ひばり〉14往復，〈はつかり〉6往復，〈やまびこ〉4往復，これに奥羽本線へ向かう〈つばさ〉〈やまばと〉，磐越西線に向かう〈あいづ〉が加わり，まさに特急街道の様相だった．

〈はつかり〉には青森運転所の583系が使用されていた．雪の中を快走する〈はつかり〉の写真が映し出される（8～9頁掲載）．

「みんな大好き"ゴッパーサン"です．ぼくの撮った583系の写真の中で最も好きなカットです．朝の柔らかい日が当たっていて583系のクリーム色がすごく映えるのです．撮った時にはそんなに感じませんでしたが，現像が上がってきてこれはキマったと思いました」と南氏．

「当時はデジタルカメラではないですから，現像が上がってくるまで結果が分かりませんものね．この写真は雪煙をあげてスピード感もありますね」

続いて雪景色の磐越西線．

「この485系〈あいづ〉は会津若松行きなので，グリーン車のクロ481ではなく普通車のクハ481がアタマ．バックは磐梯山です」

〈あいづ〉は上野～会津若松1往復の設定で，下りの会津若松着が17時前なので，夕日を浴びて車体はまさに輝いているようだ．

常磐線を走る485系の〈ひたち〉も11往復と東北本線の〈ひばり〉と並んで本数の多さを誇った．

「この写真はちょっと珍しいでしょう．ボンネットに特徴のヒゲがありません．しかもスカートが赤．これはもともと九州を走っていた電車だったのです」と南氏．

「たしか国鉄の末期に入れ替えたのではなかったでしょうか．代わりにこっちで走っていた少し定員の多い300番代を九州に持っていった」

「九州のボンネットは〈にちりん〉や〈みどり〉

などに使用されていましたが，みんなヒゲがないんですよ」

「ヒゲはその昔，向日町運転所でともに並んでいる151系と区別をつけるために付けられたと聞いたこともあります」と赤城氏が語る．

「上越，信越，中央線で運用された181系には前面に帯が描かれていたし，同じボンネットでも地方によってやや仕様が異なっていましたね」

現在では標準軌となって新幹線が行き交う奥羽本線だが，新幹線開業前は〈つばさ〉〈やまばと〉の485系が行き交っていた．スイッチバック駅の連続する庭坂～関根間の急勾配区間では勇壮なモーター音を響かせて峠越えに挑んでいた．

板谷駅のスノーシェッドから飛び出して来た〈つばさ〉の写真を見ながら，

「現在は改軌されて新幹線の新鋭E8系が快走していますが，車輌は変われどスノーシェッドは昔ながらで，この写真を撮ったアングルで先日E8系を撮影しました」と南氏．

「スノーシェッドはポイントを覆うようにあるのですね」

「スイッチバック駅には必ずシーサス・クロスのような複雑なポイントがありますので，これを雪から守らなければなりませんからね．もちろん〈つばさ〉は特急なので，クロッシングを渡ってスイッチバックしないで通過します」

この撮影を行なった時にはED78やEF71が50系の"レッド・トレイン"を牽引していた頃だ．

高原を行く183系〈あずさ〉　信濃境－小淵沢　1977

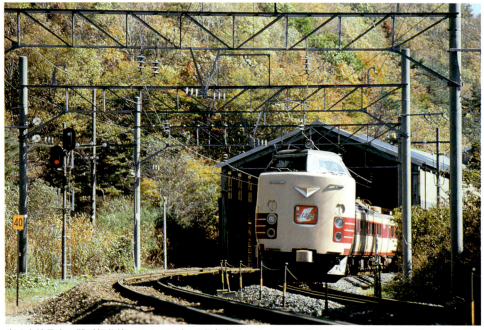

奥羽本線最大の難所板谷峠．スイッチバック駅板谷のスノーシェッドをくぐり勾配を登る485系〈つばさ〉．改軌された現在は新幹線が行き交っている　1990

〈やまびこ〉上野～盛岡間の特急で4往復設定されていた．写真は485系の貫通型だが，乗務員はすきま風に悩まされたという　1990

●貫通タイプは寒いんです

上野～盛岡の〈やまびこ〉の写真は485系の貫通型のアップである．

「昔は線路近くで写真を撮る場合，こちらが列車の接近に気づいていて，安全な足場にいるという意味で手を上げると，運転士もタイフォンを軽くパーンと鳴らして応えてくれたものですが，もちろん今では保安上鉄道用地内は立入禁止です」と南氏．

「この貫通タイプは冬，運転席が寒いんですよ．私は183系の貫通型をよく運転していましたが，すきま風が入ってくるんです」と赤城氏が運転士ならではの経験を話す．「あまりに寒くて新聞紙を足に巻いて運転したこともあります」．

上野～新潟間の〈とき〉も最大14往復とL特急を代表する列車だ．上越線敷島－渋川の第一利根川橋梁付近のカーブを行く181系上り「とき」の迫力ある写真が投影．絵入りの愛称板なので，53.10ダイヤ改正以降の181系3往復体制の時のものだ（6～7頁掲載）．

「東海道新幹線が開業して151系〈こだま〉などが廃止になり，その転用で歯車比を変更し181系としてまず〈とき〉に投入されました．前に出た485系は交直両用ですがこれは直流型です．以前は運転席の横に自動車と同じようなバックミラーが付いていました」と南氏．

「これはパンタグラフを見るために設置されたもので，151系の試運転のとき川崎の手前で風が吹いてパンタグラフを壊したことがあるんです．PS13というちょっと旧式のパンタグラフを付けて走っていたときのことです」と赤城氏

乗務員の赤城氏（左）と南氏の軽妙なトークに会場は大いに盛り上がった

〈踊り子〉185系のルーツとも言える157系〈あまぎ〉　根府川－真鶴　1977

編成途中に見える車体の段差は，食堂車廃止と同時にグリーン車の置き換えが行われモロ180・モロ181をサロ181-1100に変更したもので，新製車サロ181-1100は上越新幹線開業後に他線区で485系に組み込むことを想定してサロ481-1000と同設計としており，485系の高さとなっているために生じた段差である．

中央本線小淵沢付近の〈あずさ〉の写真では，歌謡曲「あずさ2号」の話題となった．歌詞に「8時ちょうどの～」とあるが，しばらくして国鉄が列車名の改変を行い"2号"は新宿発ではなく松本発の上り一番列車となってしまって歌詞と矛盾が生じたエピソードもある．

●週3回抑止のかかった白糸川橋梁

「〈あずさ〉も以前は〈とき〉と同じ181系で食堂車も付いていましたね」

「伝統ある列車ですね．伝統といえば157系〈あまぎ〉の写真を見てみましょう」

「若い年代の方は話には聞いているけど実物を見たという方は少ないと思います．もともとは日光へ行く準急用に作られた列車でした．それでも内装は151系〈こだま〉と同様のグレードでした．それが東海道本線の輸送力を補うために使用され，当初は〈こだま〉の補完列車〈ひびき〉でした．食堂車がありませんから格下でしたが」

のちに東京～伊豆間の〈あまぎ〉でも使用さ

交流特急電車のパイオニア781系を使用した〈ライラック〉　近文－伊納　1985

れ，〈踊り子〉のルーツとなった．

「写真は白糸川橋梁ですが，今は防風網が付いてよい写真が撮れなくなってしまいました．私の運転士としての乗務経験では，風が強く1週間に3回列車抑止がかかることもあるんです．風速20mを超えると1時間は動けません．湯河原や熱海などから苦情が来て，防風網を付けたのです」と赤城氏は当時を振り返る．

「そういえば，以前〈踊り子〉に使用されていた185系1編成を157系のカラーに塗ったことがありましたが，あの企画は秀逸でした」と南氏．

「185系と157系は少し形も似ていますが，用途も似

ハイデッカー・グリーン車キロ182を組み込んだ堂々たる編成のキハ183系〈北斗〉　仁山－大沼　1986

ていますね」

「国鉄の末期は新車をふんだんに作っていましたね．キハ183系もその一つ．この写真は函館～札幌間の〈北斗〉です．新幹線では2階建て車輌を組み込んだ100系が登場しましたが，このキハ183系にはハイデッカー車が組み込まれました」

「他にもこの時期はいろんな名車が生まれましたね」

「781系は北海道では珍しい電車特急です．写真は室蘭～旭川間の〈ライラック〉ですが，使用開始は札幌～旭川間の〈いしかり〉で，781系の前は485系1500番代が使用されていました．485系は雪に弱くすぐにダメになっちゃったんです．すぐに止まってまともに冬が越せませんでしたね」

耐寒・耐雪機能を増強した交流電車781系の登場により北海道の電車特急の運転が本格化し

雪と寒さに耐えきれなかった485系1500番代

映画で寅さんも歩いた備中高梁の武家屋敷町の小路から381系〈やくも〉の通過を見る.　備中高梁―木野山　1998

手話による通訳も行われた

中央本線の高速化を担った初の振り子電車特急381系〈しなの〉
垂井―大垣　1977

新幹線岡山開業を機に誕生したキハ181系〈しおかぜ〉
海岸寺―詫間　1977

寝台電車583系は昼行列車に使用される場合も多かったが,ボックスシートは賛否両論だった.　植木―西里　1977

で名古屋・大阪〜長野間の〈しなの〉で初めて運用され,中央西線の連続カーブを高速で走破した.2024年6月,岡山〜出雲市間の〈やくも〉の定期運用を退くまで活躍した息の長い形式だった.

「381系はカーブに入ってからの遠心力で作用する"自然振り子"だったので,乗客や車販のお姉さんが酔ったりして不評でした.〈やくも〉に乗ったらぼくも酔っちゃった」と南氏.

たのだった.

「この電車はクハ・サハにパンタグラフが付いて,クモハ・モハにパンタグラフが付いていないという変わり種でしたね」と赤城氏.

特殊な構造といえば,1973年当時は"振り子電車"の黎明期で,1973年の中央本線全線電化

「突然ぐらっと傾きますからね.E353系の"空気バネ式車体傾斜装置"の滑らかな作用とは大違いです.車掌が酔い止めの薬を持っていたとか」

伯備線を走る381系〈やくも〉の写真を投影しながら,南氏が語る.

「ここは備中高梁の武家屋敷がある道で,『男はつらいよ』のロケ地にもなったところです.ここを寅さんが歩いて行って,後ろ姿の向こうにD51がバッバッバッ…と走って行くんです.風情ある場所だなぁと思って映画を見ていました.その後,十何年か経って再び同じカットで撮影しているのです.ぼくも倣って381系を狙って見ましたが,通過速度が速く面食らいました」

「鉄道と寅さんの絡みってけっこう多かったですよね.

「ぼくは47作品すべて見ていて,『寅さんが愛した汽車旅』(講談社)という本を書いたら,山田洋次監督と縁が出来て,DVD BOXが出た時に文を書くことになりました」と南氏.

「寅さんと言えば柴又が舞台ですが,京成電車の色が時代によって変わるのも興味深いですね」

「望郷編には函館本線のD51がたくさん出てきますので,蒸機ファンの方,ぜひご覧になってください.山田監督って実はSLファンなんです」

● **583系〈有明〉はラッキートレイン**

「さて,本題に戻って….1972年の新幹線岡山開業を機に四国では特急列車が走り始めました.キハ181系で予讃本線の〈しおかぜ〉と土讃本線の〈南風〉です.ともにキハ181系で運行されました.瀬戸大橋架橋前なので,新幹線から宇野線と宇高航路で連絡していました」

「1988年に瀬戸大橋が開通して以降は,岡山で直接新幹線と連絡しますが,このキハ181系もしばらくは海を渡っていたんですね」

電車・気動車特急のラストカットは鹿児島本線田原坂を下る583系〈有明〉.朝日に美しく映えている.九州の583系〈有明〉は南さんにとっての"ラッキートレイン"だったとか.

「1973年に肥薩線で蒸気機関車を撮って八代から上りの583系〈有明〉の指定席に乗ったら隣の方が旺文社の副編集長で,話が弾んで東京で食事でもしようということになった.で,雑誌でSLの特集を4ページ組むことになったのです.編集の方は顔が広いので,その後,勁文社の方を紹介していただき,人気になった『鉄道大百科シリーズ』が誕生したという訳です」

「なるほど名作シリーズの陰に583系あり!ですね」
(了)

(※TEE・ブルートレインの写真は122〜127頁に掲載)

写真展示より
追憶の特急列車
蒸機牽引特急の記録

〈あかつき〉 C60 29〔鳥〕 長崎本線 喜々津－東園 1966.3 写真：村樫四郎

〈かもめ〉 C62 13〔広二〕+D52〔瀬〕 山陽本線 瀬野ー八本松 1960.3.17 撮影：宇田賢吉

〈つばめ〉　C62 2〔宮〕　東海道本線　京都-山科　1955.1.7　撮影：佐竹保雄

〈はと〉　C62 30〔宮〕　東海道本線　京都-山科　1956.1.9　撮影：佐竹保雄

追憶の特急列車
蒸機牽引特急の記録

〈かもめ〉 C57 11〔港〕 鹿児島本線 吉塚 1955.7.29 撮影：佐竹保雄

〈はつかり〉 C60 1〔盛〕＋C61 20〔仙〕 東北本線 青森－浦町 1959.5.24 撮影：樋口慶一

〈さくら〉　C57 9〔鳥〕　鹿児島本線　二日市－原田　1959.8.2　撮影：佐竹保雄

〈はやぶさ〉　C61 14〔鹿〕　鹿児島本線　木葉－田原坂　1963.12.28　撮影：中島正樹

〈つばめ〉 C62 2〔宮〕 東海道本線 京都―山科 1955.1.7 撮影:佐竹保雄

〈はと〉 C62 30〔宮〕 東海道本線 京都―山科 1956.1.9 撮影:佐竹保雄

追憶の特急列車
蒸機牽引特急の記録

〈あさかぜ〉 C59 57〔港〕 鹿児島本線 遠賀川－海老津 1958.3.29 撮影：佐竹保雄

〈ゆうづる〉 C62 22〔平〕 常磐線 久ノ浜－四ツ倉 1967.3.26 撮影：佐竹保雄

〈クリニックより〉
国鉄の特急用蒸気機関車

髙木宏之

上り特急「はと」4レを牽き，京都駅を力強く発車するC62 16（1948日立改造） 1956.6頃
※特記なき写真・資料は筆者所蔵

国鉄初の「特別急行列車」は，1912（明治45）年6月15日に運転開始の新橋〜下関間第1・第2列車で，のちの一二等特急「富士」の前身になります．

ここでは，東海道・山陽両線の特急牽引用に計画された下記の蒸気機関車について，それぞれの計画意図を簡単に解説したいと思います．

1. 輸入2C機・2C1機
2. 18900（→C51）形
3. C53形
4. C59形
5. C62形

なお，基本的なこととして，蒸気機関車の引張特性を理解しておく必要があります．第1.1図のように，引張力の上限は，低速域では「シリンダ（気筒）引張力」もしくは「粘着引張力」で決まりますが，おおむね速度30km/hを境とし，高速域では「ボイラー引張力」言い換えると「ボイラー蒸発量」によって決まるようになります．「ボイラー蒸発量」は火室の大きさ，すなわち火床面積が一番の支配要因ですので，仮にC53形を3気筒より2気筒に変えたとしても，高速域での引張力が落ちるわけではありません．3気筒の目的が「強力化」でないことは，追ってC53形のところで解説します．

1. 輸入2C機・2C1機

1905（明治38）年9月に調印された日露講和条約（ポーツマス条約）は，日露連絡輸送に向けた両国間の協議を規定していました．これにより，南満洲鉄道（満鉄）経由の日露連絡輸送，さらにはシベリア鉄道経由の世界周遊が実現のはこびとなり，国鉄もその一環に組み込まれ，冒頭の「特別急行列車」の運転開始につながってゆきます．編成は3軸ボギー優等客車7輌（牽引重量300トン）と予定され，在来の2B飽和テンダー機ではとうてい能力不足のため，鉄道院初代工作課長・島 安次郎（秀雄の父）は2C過熱テンダー機を計画します．しかし，国

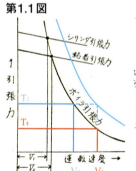

第1.1図
一式左右門『実務運転理論』に加筆

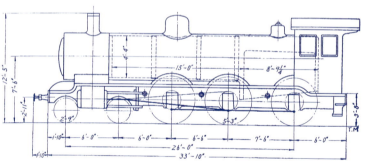

輸入2C機の見積用として各社に提示された計画形式図．『日本国有鉄道百年史』第6巻（1972.10）より

8700形8700号機の竣功写真．1911年1月受注，6月出荷．7月15日の関税率アップには間に合わず

8900形8934号機の竣功写真．初回分24輌は1910年12月受注，1911年3月出荷，追加分の本機は1911年8月受注

8800形8806号機の竣功写真．1910年12月受注，翌年3月出荷

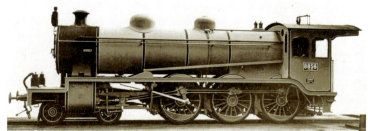

8850形8856号機の竣功写真．1910年12月受注，翌年3月出荷

8850形の牽引する7輛編成の特別急行1レ　平塚〜大磯間　1912頃
撮影：渡邊四郎

鴨川橋梁を渡る8929号機牽引の特別急行2レ．客車はオユニ＋スロネ＋スロ＋スロ＋スシ＋スイネ＋ステンの7輛編成　1912頃

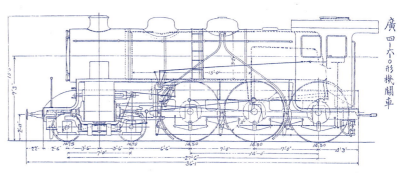

「広四一六一〇形」（軌間1435mm）の計画形式図．ボイラーは9600形よりわずかに大きい　「国有鉄道軌間変更案」『帝国鉄道協会会報』第18巻第10号（1917.10）より

● 表1：各形式　主連棒長の比較

軸配置	形式	気筒行程mm	動輪径mm	気筒〜主動輪中心距離mm	主連棒長mm	主連棒長/気筒行程
2C	8700	610	1600	4268	3010	4.9
2C	8800	610	1600	4572	3099	5.1
2C	8850	610	1600	3353	2032	3.3
2C1	8900	610	1600	3963	2438	4.0
2C1	18900	660	1750	4560	3100	4.7
2C1	独01(参考)	660	2000	5200	3675	5.6

内製造はまだ無理のため，英米独3か国より輸入と決し，注文仕様書と計画形式図（附図参照）を作成し，製造契約業務を第二代工作課長・斯波権太郎に託し，1910（明治43）年3月，官命により一技師の身分で欧米長期出張の途につきます．

島の計画した2C過熱テンダー機は，動輪径5フィート3インチ（1600mm），毎分300回転での常用最大速度90km/h，火床面積20平方フィート（1.86m²），動輪周出力約700馬力でした．過熱式としたのは，飽和式に比べて約25％の燃費節減となることより，長距離運転に有利と考えたためでしょう．

斯波は同年秋，英米独6社に指名競争入札を公示しました．英はNBL（ノース・ブリティシュ）とピーコック，米はアルコとボールドウィン，独はベルリン造機（シュヴァルツコップ）とボルジッヒでした(*1)．同年末，入札結果が公表され，NBLと独2社が各12輛，アルコが24輛成約し，形式名はNBLが8700形，ベルリン造機が8800形，ボルジッヒが8850形，アルコが8900形とされました．ピーコックとボールドウィンは，成約に至りませんでした．

島の指定した2C過熱テンダー機の仕様を守ったのは独2社のみで，8700形は飽和式，8900形はパシフィック（2C1テンダー機）での応札のため，島は地球の裏側より契約中止を訴えましたが効果なく，アルコはさらに追加の12輛を受注しました(*2)．英米2社の代理店は，それぞれ大倉組と三井物産で，ときには大使館をも動かす政商の底力が発揮されたようです．

これら4形式の比較ですが，8700形は燃費に劣るものの，各部の工作精度は最良で，明治天皇大喪列車や大正天皇即位大礼御召列車も牽引しました．8800形は比較試験で最良の燃費を示し，最大速度も毎時64マイル（103km/h）に達しましたが，特急牽引の記録は見当たりません．8850形と8900形は，比較試験で必ずしも好成績ではなかったものの，前者は東海道線東部，後者は同線中部以西で特別急行第1・第2列車の牽引に当りました．その理由はいくつかあるでしょうが，ここでは両形式が「乗心地良し」とされた点に注目してみましょう．

表1は各形式の主連棒長の比較ですが，8700形と8800形が3m超であるのに対し，第1動輪を主動輪とした8850形は約2m，8900形はパシフィックながら約2.4mです．これは往復運動部が軽いことを示し，高速域における前後動が少ないことにつながります．近代米国機では，主連棒長はクランク円直径（＝気筒行程）の4倍あれば良いとされ，ブレーキシューを動輪後面に当て，ブレーキハンガーもタイヤ（外輪）の外側に出すなどして，主動輪中心を気筒中心に極力近づけています．いっぽう，国鉄制式機は独式にならい，主連棒の傾斜をおさえるため長さを大とする傾向があり，往復運動部の軽量化に関しては不利となっています．

2. 18900（→C51）形

広軌論者(*3)の島は，国鉄全線を軌間3フィート6インチ（1067mm）より4フィート8インチ半（1435mm）に順次改築する遠大な計画を立て，急客機として動輪径6フィート6インチ（1981mm）の2C過熱テンダー機「広四－六－〇形」（仮称「機21形」）を構想し，腹心の朝倉希一に設計を命じました．「広軌にすれば狭火室でも幅が広がるから従輪は不要」という，一種の倹約思想に基づくものでした．

この「広四－六－〇形」（附図参照）は，一見して足回りに対してボイラーが貧弱で，火床面

18900形18918号機（→C51 19／1921汽車製）の竣功写真．空制・自連・電気照明・給水加熱器・除煙板が未装備で，テンダーはオリジナルの矩形17立米形

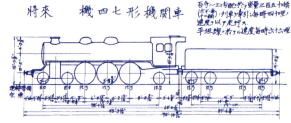

18900形と「機47形」との比較．「機47形」のボイラーはD50同等であった　大村鎧太郎『軌間の変更は不必要である』(1920.6)より

水槽車を外して9輛編成となった超特急「燕」11レを牽くC51 247 (1927汽車製)　川崎〜鶴見間　1932頃

● 表2：各形式　主要数値の比較

形式	煙管長 mm	気筒内径 mm	気筒行程 mm	動輪径 mm	気筒引張力 トン
8900	4924	470	610	1600	9.09
8900×1.1	5416	517	671	1760	11.00
パシニ	5613	533	660	1753	12.82
18900	5500	530	660	1750	11.44

積は8900形とほぼ同等の27平方フィート(2.51㎡)でした．つまり，毎分300回転での常用最大速度こそ110km/hに向上するものの，ボイラー蒸発量，ひいては動輪周出力は8900形並みの約900馬力で，牽引定数の増大は期待できず，「この程度の機関車を造りたいがために全線を広軌改築するのか」と評されても仕方ないものでした．

1918(大正7)年9月，「改主建従」の憲政会より「建主改従」の政友会に政権交代し，広軌改築も雲行きが怪しくなってきました．島は，同年4月に工作局長より技監に栄進しましたが，後任の工作局長・高洲清二は狭軌側に立ち，朝倉に「グレート(火床)を大きくすればパワーは出るのだから，お前たちそういうものをやれ」と仕向けました．こうして誕生したのが，国鉄2番目のパシフィック・18900(→C51)形で，同年末に基本設計を終了し，年内に煙管など主要材料の手配をすませ，翌年9月に浜松工場で起工されました．

18900形の主眼は，狭軌で世界初となる1750mm動輪で，毎分300回転での常用最大速度100km/hという計画でした．1750mm動輪は島の提案というのが通説ですが，朝倉自身の回想記事(*4)を読んでも，裏が取れません．貴族院特別委員会で広軌改築不要を表明した鉄道院総裁・床次竹次郎の答弁は1919(大正8)年2月で，前年末の18900形の基本設計終了を踏まえたもののようです．

ためしに8900形の煙管長，気筒内径×行程，動輪径を1割増しとすると，18900形に近い数値となります(表2参照)．また，1917(大正6)年製の満鉄パシニ形も，気筒引張力以外は18900形に近い数値を示しています(表2参照)．朝倉はこれら先行形式を参照しつつ，18900形の基本設計を固めたものと考えられます．重心高の増大をおさえるため，第2缶胴内径を8900形と同一の4フィート8インチ(1422mm)とし，缶中心高を2400mmにとどめ，火床面積は8900形と同一としました．従台車も8900形と同じアルコ独自のコール式です．

18900形は，1920(大正9)年春の本線試験で好成績をおさめ，8850形や8900形に代わって特別急行第1・第2列車をはじめ，各地の幹線で急行牽引に当りました．浜松工場・汽車会社・三菱造船で1928(昭和3)年までに合計289輛製造され，同年の形式称号改定でC51形となりました．各部の安全率を高く取った設計で，宮廷列車にも重用され，1930(昭和5)年10月に運転開始の超特急「燕」の国府津〜名古屋間(上りは名古屋〜沼津間)無停車運転に活躍したのは周知のとおりです．

3．C53形

C53形は，国鉄唯一の国産3気筒急客機として知られていますが，まず登場の背景や当時の技術動向について触れておきたいと思います．

第1次大戦(1914〜18)を契機とした国内産業の発展により，鉄道輸送量も急増しました．18900形登場直後の1920(大正9)年，鉄道省建設局長・大村鎧太郎は，高洲とも示し合わせた上で「軌間の変更は不必要である」と題した論考を発表し，「狭軌でも軌道強化すれば18900形より3割強力な急客機が実現できる」と主張しました．これが「機47形」で，火床面積は35平方フィート(3.25㎡)と，のちのC53形と同一でしたが，問題は最大軸重が17.5英トン(17.8トン)にも及ぶことでした(附図参照)．

国鉄の軌道は，明治の開業当初より六十ポンド(30kg)軌条を使用し，日露戦争後に幹線は

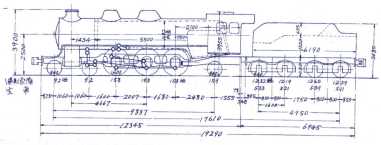

8200(→C52)形の計画形式図．アルコに見積用として提示されたものか『業務研究資料』第14巻第6号(1926.6)より

8200形8200号機(→C52 1／1925アルコ製)の竣功写真．火室下に"OCT-1925"と掲出．中央弁の駆動は左右連成式のグレズリー弁装置によった

C53 5（1928汽車製）．記念すべき同社の製番1000号であった　名古屋　1930頃

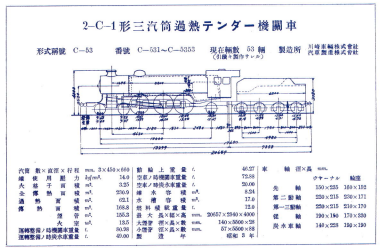

C53形の初期形式図．仮称「機70形」の計画形式図の流用か　『全国機関車要覧』（1929.8）より

七十五ポンド（37kg）軌条に順次強化されました．1921（大正10）年，建設規程が21年ぶりに改定され，最大軸重が14英トン（14.2トン）より15トンに引き上げられましたが，16トン以上は百ポンド（50kg）軌条への交換が必要でした．営業路線の軌条交換は年間50kmが目安で，東海道全線では約10年を要し，費用も相応にかかります．また，百ポンド軌条は国内製造体制もまだ整っていませんでした[*5]．

工作局技師・小河原藤吉は，軌道強化を待たずに大型急客機を導入するため，ハンマーブロー（動輪の対重による軌条への槌打力）の軽減を図り，英米で採用されはじめた3気筒式に着目し[*6]，サンプル機6輌をかつて駐在経験のあったアルコに求めました．これが8200（→C52）形で，計画形式図には小河原の設計した9900（→D50）形と同様のボイラー，キャブ，テンダーが示されています（附図参照）．

8200形の製造契約締結と前後して，工作局長に秋山正八，車両課長に朝倉が着任し，朝倉と反りが合わない小河原は8200形の製造監督名目で駐米を命じられ，帰朝後は工作局に戻ることなく，小倉工場長を最後に退官し，川崎車両の設計部長におさまりました[*7]．8200形は1925（大正14）年10月に完成し，翌年1月にわが国に到着し，浜松工場で組み立てられ，各種試験に供されて膨大なデータを残しました．

本題のC53形（以下，各形式とも新称号による）は，仮称「機70形」として1926（大正15）年初頭に設計が開始され，設計担任技師は伊東三枝で，新人の島秀雄が「3気筒なるがゆえに必要となる機構全般」を一任されました．前年9月に発生の特別急行第1列車の安芸中野事故により[*8]，客車の鋼体化が急がれたため，設計全般に拍車がかかったようです．

C53形のボイラーは，火床面積3.25㎡をはじめ，D50形と基本的に同一で，缶圧は12.7kg/㎠（180ポンド/平方インチ）より14kg/㎠に増大されました．足回りは，動輪径をC51形と同一の1750mmとし，主台枠はD50形と同じく厚さ90mmの切抜式棒台枠で，初期の形式図にはD50形と同様のボイラー，キャブ，テンダーが示されています（附図参照）．気筒鋳物はC52形にならいましたが，肝腎かなめのグレズリー弁装置は，各ピン継手に対する玉軸受の応用設計が不適切のため，使用中に中央弁の運動誤差がソリッドメタルのC52形よりも大きくなってしまい，名古屋機関庫主任・瀬戸義太郎より浜松工場にソリッドメタルへの改造要望が出されたほどでした．

C53形は，まず1927（昭和2）年度予算で汽車に12輌発注され，1930（昭和5）年までに汽車と川崎で合計97輌製造され，C51形に代わって東海道・山陽両線の主力となり，特急「富士」「桜」「燕」「鷗」の先頭に立ちました．3気筒の特長として，原理的に前後動がきわめて少なく，乗務員に好評を博しましたが，その陰には，設計に起因する各部の不具合をカバーする検修陣の献身的努力がありました．足回り全般の軽量化に努めたため，最大軸重は15.4トンにおさまりましたが，主台枠の強度不足による亀裂や変形はいかんともしがたく，保守に困難をきたしたことより，可動率が著しく低下し，第2次大戦後の1948～50（昭和23～25）年，車齢わずか20年前後で全機廃車となりました．

4. C59形

1936（昭和11）年，C53形の後継機の計画が開始され，4種類の試案が生まれました．すでに東海道全線の50kg軌条化は完成して山陽線に移行しており，もはや3気筒によるハンマーブロー軽減の必要はなく，迷わず2気筒とされました．設計担任技師は多賀祐重でした[*9]．「KC50-A形」「KC50-B形」は，動輪径1750mm，缶圧15kg/㎠，火床面積3.8㎡とされました．末尾区分は火室構造により，「A」が燃焼室なしで煙管長6000mm，「B」が長さ500mmの燃焼室付きで同5500mmでした．また，「KC51-A形」「KC51-B形」は，動輪径1850mmで，末尾区分は動輪軸距とテンダーの差異により，ボイラーは共通で，缶圧15kg/㎠，火床面積3.27㎡，燃焼室なし，煙管長6000mmでした．

翌年7月，盧溝橋事件が勃発し，工作局も以

C59 1（1941汽車製）の竣功写真．記念すべき同社の製番2000号であるが，同社の高田隆雄は大型密閉キャブも矩形テンダーも嫌っていた

C59 125（1947川崎製）．戦後製はボイラーを燃焼室付き高過熱型，テンダーを無台枠船底型の10-25B形としていた

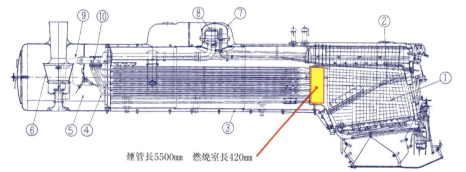

煙管長5500mm　燃焼室長420mm

C59戦後型のボイラー．大煙管は5段33本を設け，過熱度を高めていた

後1年あまり軍用車輛供出など大陸関係業務に忙殺され，ようやく1939（昭和14）年2月，C59形の設計が始まりました．設計担任技師は北畠顕正，のち田中太郎で，翌年春に詳細設計がまとまり，動輪径1750mm，缶圧16kg/cm²，火床面積3.27m²，燃焼室なし，煙管長6000mm，動輪軸重16.2トンとされました．C59形は，まず1940（昭和15）年度予算で汽車に10輛発注され，川崎と日立を加えた3社で1943（昭和18）年までに合計100輛製造され，C53形に代わって東海道・山陽両線の主力となりました．

しかし，定置試験の結果，煙管長過大のため，C53形よりボイラー効率が低いことが判明しました．また，C53形に比べて前後動が大きく，夜行の最前部客車1・2輛では，とても寝ていられないほどでした[*10]．これは，2気筒であることに加え，動輪の対重（カウンターウェイト）に上乗せする超過釣合量（オーバーバランス）が，ほんらい往復部重量の33％以上欲しいところ，国鉄独自の「常用最大速度でのハンマーブローが静止輪重の15％以下」という制約のため，20～25％しか付けられないためでした[*11]．

戦前の国鉄機は，おしなべて島（父）と朝倉が導入した煙管伝熱面積重視の独式プラクティスにこだわりすぎ，満鉄・鮮鉄で1927（昭和2）年に制式採用され，1929（昭和4）年の第13回車輛研究会で燃費1割減の好成績が報告された燃焼室は，採用に反対した朝倉の退官後，1939（昭和14）年の第29回同会でようやく本格的に討議され，川崎製C59形のラスト2

輛（79・80）を500mmの燃焼室付きとすることに決しましたが，終戦以前の制式採用はD52形のみにとどまり，D51形やC57形といった多数形式に波及することもなく，非常時に国鉄規模で燃費節減するには至りませんでした[*12]．まさに「失われた10年」と言えるでしょう．

未曾有の敗戦よりひと月後の1945（昭和20）年9月，国鉄は復興のため，C59形をはじめとする旅客用機関車の大量増備をくわだてました．1946・47（昭和21・22）両年度予算で計画されたC59形は，川崎55輛（101～155），日立65輛（156～220），合計120輛で，C53形を完全に置き換えた上に若干余裕を持たせた輛数と考えられます．

戦後製のC59形は基本設計が見直され，ボイラーは420mmの燃焼室が付き，煙管長を500mm減じ，過熱器を28基より33基に増強しました．テンダーは無台枠船底型です．大戦中のストック資材も活用されたようで，同年度内に川崎22輛（101～122），日立31輛（156～186）が竣功しましたが，翌年度は急激なインフレとボイラー用鋼材（缶板・缶管）の入手難により[*13]，GHQ（連合国軍総司令部）の勧告を受け，C59形の新製は両社10輛ずつ（川崎123～132，日立187～196）に制限された結果，戦後型は合計73輛が竣功し，予定数に対して47輛の不足を生じました．これを補ったのが，後述のC62形ということになります（表3・表4参照）．

5. C62形

前述のような状況の中，遊休化したD52形のボイラーと，C59形（戦後型）の足回りを組み合わせ，超過重量負担のため従輪を2軸とした2C2軸配置（ハドソン）の急客機がC62形として計画されました．いわゆるD→C改造です．これについて運転局の福島善清は，GHQ・CTS（民間運輸局）デ・グロート大佐の示唆が契機であるとしました[*14]．いっぽう，設計担任の衣笠敦雄は，「旅客用機関車を沢山新製しようにも，資金も資材も得られず，GHQの許可も得られないまま苦難の日を過ごした．」と逆境を強調しています[*15]．一部識者は「島（秀雄）課長は貨物機のボイラーを旅客機に転用する構想を以前より持っていた」としますが[*16]，前述のようなC59形の大量新製とは矛盾します．また，「ドッジ・ライン」による緊縮財政を要因とする説もありますが，これは1949（昭和24）年度予算が対象で，C62形の量産は前年度予算のため，直接関係するものではありませんでした．

● 表3：大戦後の蒸気機関車製造状況（1）

項目	C59		C58	C57	C11	E10	B20	計	C12
	川崎	日立	汽車	三菱	日車	汽車	立山		日車
予定数	55	65	65	50	55	10	10	310	（予定外）
予定機番	101～155	156～220	383～447	170～219	327～381	1～10	6～15	—	（276～293）
1946年度	22	31	30	22	55	—	10	170	
1947年度	10	10	15	10	—	5	—	50	18
計	32	41	45	32	55	5	10	220	18
未成	23	24	20	18	—	5	—	90	

● 表4：大戦後の蒸気機関車製造状況（2）

項目	C62			C61		計
	日立	川崎	汽車	三菱	日車	
1947年度	1	—	—	1	—	2
1948年度	20	15	13	20	12	80
計	21	15	13	21	12	82
機番（試作）	1			1		
機番（量産）	2～21	22～36	37～49	2～21	22～33	
軽軸重型（新製時）	19～21	—	45～49	—	—	

いずれにせよ，工作局は1947(昭和22)年に急きょC62形の設計をスタートさせ，同年度予算により日立で1輛先行試作し，量産は翌年度予算で日立20輛，川崎15輛，汽車13輛の合計48輛とされました．年度初めは乙線用にC61形×40輛，甲線用にC62形×40輛の計画でしたが，C61形の改造母体とされたD51形の稼働率が高い半面，簿価の高いD52形が遊休資産として大量に余っていたため，C61形が8輛減り，そのぶんC62形が増えました．この結果，乙線への配備数に不足をきたしたため，C62形×8輛(日立19〜21，汽車45〜49)は新製時より従台車釣合梁(イコライザー)支点を43mm後ろに寄せ，動輪軸重を16.08トンより14.96トンに軽減し，部内呼称「C62ダッシュ」として充当しました．

こうして誕生したC62形は，D52形のボイラー蒸発量により，補充対象のC59形に対し，連続出力で約2割上回るという圧倒的性能差を示しました．加えて，低質炭の連続大量燃焼(最大毎時2.3トン)を可能とする，自動給炭機(メカニカルストーカー)の装備により，焚火作業を軽減しつつ連続高速運転を可能としたことで，C59形に代わって特急「つばめ」「はと」の牽引に当り，東海道・山陽両線の旅客輸送を大幅に増強できたのは，復興途上のわが国にとってまことに幸いなことでした．

18900形よりC62形に至る国鉄特急機の発達過程を見ると，その能力向上は動輪径や気筒数でなく，ひとえにボイラー蒸発量の増大によっていました．表5・表6は，気筒馬力に対する缶馬力比率の一覧ですが，70%未満の18900形より，約90%のC62形まで漸増してきたことがわかると思います．

C62形の計画形式図．製造所は未定で，キャブは開放式，テンダーはC59戦後型と同一の10-25B形，全長は21675mmに及んでいた．

C62 1(1948日立改造)．加減弁は歯車式のため，引棒腕が一般と逆の上向きであった．テンダーは10-25B形　1948.2頃　写真所蔵：宮田寛之

C62 49(1949汽車改造)の竣功写真．汽車製C62形は砂箱が短く，加減弁引棒(前側)が水平であった．テンダーは自動給炭機付きの10-22S形　写真所蔵：髙田 寛

● 表5：各形式 気筒馬力

形式	動輪径 mm	缶圧 kg/cm²	気筒 内径 mm	気筒 行程 mm	推力 kg	ピストン速度 m/s	気筒馬力 PS
18900	1750	12.7	530	660	47,632	2.2	1,397
C53	1750	14	450	660	56,779	2.2	1,666
C59	1750	16	520	660	57,765	2.2	1,694
C62	1750	16	520	660	57,765	2.2	1,694

注1) 気筒推力は85%缶圧にて算定　　注2) ピストン速度は毎分100回転時　　1PS＝75kg・m/s

● 表6：各形式 缶馬力／気筒馬力 比率

形式	火床面積 m²	蒸発量 kg/h	缶圧 kg/cm²	比蒸気使用量 kg/PS/h	缶馬力 PS	気筒馬力 PS	比率 %
18900	2.53	6,072	12.7	6.81	892	1,397	64
C53	3.25	7,800	14	6.55	1,191	1,666	72
C59	3.27	7,848	16	6.16	1,274	1,694	75
C62	3.85	9,240	16	6.16	1,500	1,694	89

注1) 蒸発量は一律にG×2,400(発熱量6,000kcal/kg，燃焼率450kg/m²/h，缶効率57%)にて算定
注2) 比蒸気使用量は缶圧13kg/cm²のとき6.75kg/PS/h，1kg/cm²上昇ごとに3%逓減

*1　中村尚史『海をわたる機関車』吉川弘文館(2016年)
*2　8700形が飽和式のため，過熱式の補充が目的．
*3　国際標準軌間(準軌)以上を広軌，未満を狭軌とし，準軌は広軌に含む．
*4　髙田隆雄ほか「朝倉希一博士を訪ねて」『鉄道ファン』第153号(1974年1月)
*5　官営八幡製鉄所では1928年に量産体制確立．
*6　3気筒式は主動輪と連動輪でハンマーブローの向きを変えることにより，機関車全体として軌道への影響を軽減可能．
*7　高洲や小河原の設計思想は，充分な能力余裕を持たせる大型機関車主義(ラージ・エンジン・ポリシー)で，ボイラー蒸発量重視の米式プラクティスと通底．いっぽう，島と朝倉は能力余裕を切りつめる小型機関車主義(スモール・エンジン・ポリシー)で，従輪と広火室を忌避．
*8　木製客車が粉砕大破し，死傷者多数，社会的影響大．
*9　多賀は，もっぱら伝熱と振動より適正煙管長を論じており，流通抵抗の視点が欠落．
*10　髙田隆雄「花のいのちは　みじかくて」『鉄道ジャーナル』第5号(1968年1月)
*11　独制式機も20〜25%，英米機や満鉄機は多くが40〜50%．
*12　燃焼室は，固定炭素が少なく揮発分の多い低質炭ほど効力を発揮．
*13　1947年度の国鉄への鉄鋼割当は，単年度所要20万トンに対して5万8千トンと，圧倒的に不足．
*14　福島善清「C61，C62形式機関車の性能と運用計画」『交通技術』第26号(1948年9月)
*15　衣笠敦雄「2C2グループの設計メモから」『鉄道ピクトリアル』第150号(1963年10月)
*16　D52形のボイラーを一部流用したE10形との混同か．

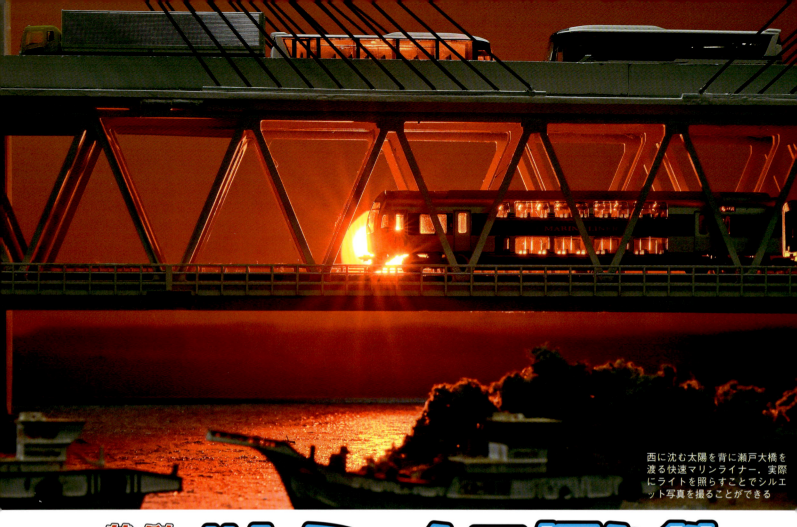

西に沈む太陽を背に瀬戸大橋を渡る快速マリンライナー．実際にライトを照らすことでシルエット写真を撮ることができる

特別展示 #トミックス撮り鉄

正門入口近くのev08ブースを設け，衆目を集めたトミックスの特別展示．既に1970年代のカタログで素晴らしいジオラマの数々を掲載していた同社．その鉄道風景を来場者が思い思いに撮影できる体験型ブースであった

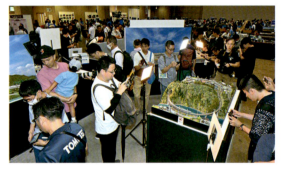

スマホ，コンデジ，望遠一眼……来場者は自らのカメラでロケハンに大忙し

スマホを凝視し，ベストショットを狙う女性．今の時代，お気に入りのカメラはいつでも手許にある

インストラクターとして多くの来場者にアドバイスをしたプロカメラマンの久保田 敦氏（左）と村上 悠太氏（右）

張り出された説得力ある鉄道（模型）写真の数々

多くの鉄道ファンを虜にした碓氷峠。EF63がシェルパを務め、いくつもの名列車が行き交った「第三橋梁」、そして役目を終えた旧線の「めがね橋」。どれだけの鉄道カメラマンがファインダーに収めたことだろう。それらを三次元で再現し、再び撮影できるのだから鉄道模型はやめられない

レイアウトの曲線部を利用して、飯田線 城西一向市場間の第六水窪川橋梁、通称「渡らずの橋」を渡る373系特急「伊那路」。この角度で撮影できるのも模型ならでは

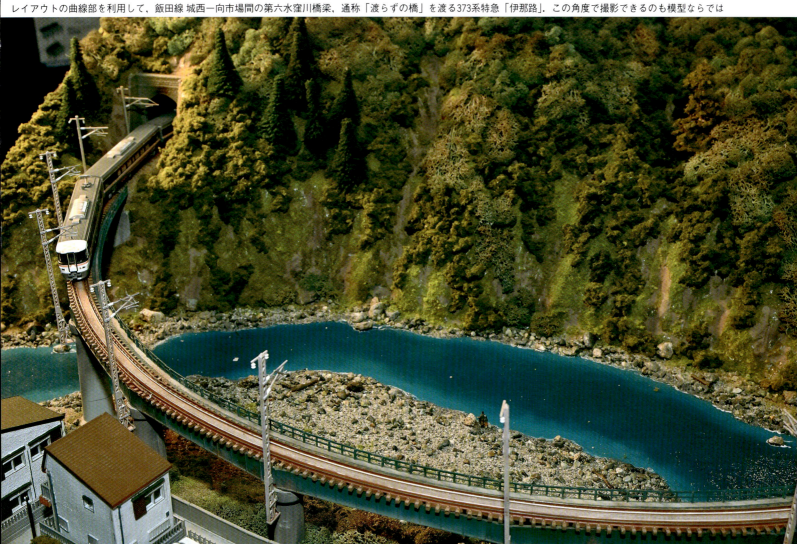

「鉄道模型考古学」松本吉之コレクション

1986年5月号より『Rail Magazine』(ネコ・パブリッシング刊)にて，国産鉄道模型の製品史をユーザー目線でありながら，しっかりと体系づけた写真と解説で多くのファンに影響を与えた『鉄道模型考古学』を連載，1993年には同名の書を上梓した松本吉之氏．記事を読めばお分かりのように，蒐集に傾ける情熱は並々ならぬもので，模型化されていない形式が発売されれば入手，改良版が出ればそれも入手を繰り返すうちに，いつしか"珍品"や"幻品"を含む一大コレクションを形成したのであった．しかし，2024年1月1日に脳梗塞により永眠(享年69)．そこで生前の氏の功績を讃え，ev09ブースにてコレクションの一部を展示した．

三線式0番のB電関と80系電車．左からEB501・EB5828(カツミ)，モハ80・クモハ86(つぼみ堂)．左は著書『鉄道模型考古学』・『鉄道模型考古学N』(ネコ・パブリッシング)

松本氏生前最後の加工作品，EF81 451 (TOMIXベース)

変わった車輌を好む氏が事業用電車を見逃すわけがない．クモヤ495・クモヤ494(しなのマイクロ)はその時代としてはかなり似ていた

まさか出るとは！と当時話題を呼んだ変わり種，キハ391形ガスタービン試作車(しなのマイクロ)

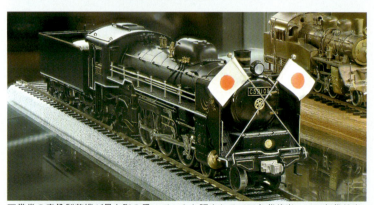
天賞堂の真鍮製蒸機が最も脂の乗っていたと評される1970年代後半〜1980年代前半，そんな時代に模型部創立30周年記念品(1979年)として製作されたC59 108御召仕様

多くのファンが探し求めている東海道新幹線の試作車1000形A編成(宮沢模型)

氏の専門外の外国形とはいえ，変わった車輌は外せない．左からUPベランダ・ガス・タービン#62(マイクロキャスト水野)，UPビッグ・ボーイ#4002(天賞堂)，AT&SFブルー・グース#3460(天賞堂)，SP AC4キャブ・フォワード#4137(カツミ)

TMS Presents
エコーモデルの50年

2023年で創業50周年を迎えたエコーモデル.「無駄足をさせない」ことをモットーとするだけあって同店の在庫,特にパーツの種類は膨大だ.同店オリジナルパーツはニーズを先取りするかのようにリリースされ,もはや同店なくして現在の16番鉄道模型界は存在し得たのか,と思えるほどである.事実,多くのモデラーがこの店に通い,パーツを購入して雑誌を飾る名作を生みだしていった.そんな怪物模型店を生み出した阿部敏幸氏はご自身も印象把握を大切にしながらも細部に徹底的にこだわるモデラー.『鉄道模型趣味』(TMS)の名取編集長の進行のもと講演が行われた.

昭和48年10月,板橋区蓮沼町に小さな模型店が店を開けた.地下鉄本蓮沼駅から石屋の横道を入った住宅街の一角.店主はその数年前にドラム缶,リアカーと次々とレイアウト小物の製作記を発表し,ついにはバス車庫のトイレの落書き再現が『鉄道模型趣味』誌上で物議を醸した若者だった.天賞堂,カツミ,宮沢,それにカワイモデル,鉄道模型社といった老舗がひしめく中で,ほとんど趣味としか思えないこの店が,半世紀後,日本の16番模型の要となろうとは誰が予想しえただろうか……

ステージイベント用に用意された特別冊子.表紙写真は1972年3月号(No.285)と同じ「城新鉄道」.以下の記事はこの特別冊子に掲載されたものを再編集したもの

エコーモデル前夜

昭和36年8月2日「城新鉄道」起工.中村汪介さんの三津根鉄道に憧れて作り始めたレイアウトは,その後TMSを飾った河田耕一さんの記事に強烈な刺激を受けつつ急速に進化.ことにストラクチャーやアクセサリーは時代の最先端をゆく密度へと昇華されていった.

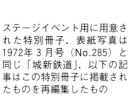

3Dプリントもレーザーカットもない時代にフルスクラッチで読者を圧倒した火の見櫓.バス車庫とともに阿部さんのアマチュア時代を代表する作品(『鉄道模型趣味』1970年6月号/No.264掲載)

← ↑ 城新鉄道駅前のバス車庫と完全自作のいすゞBX.阿部ワールド真骨頂と言える作品(『鉄道模型趣味』1969年12月号/No.258掲載)

春爛漫の頸城鉄道飯室駅．目指すべきレイアウトの理想郷を見つけたのだろうか，阿部さんはこの頸城鉄道に幾度となく足を運んでいる

情熱の原点

1960年代，阿部さんほど各地を撮影しに歩いた人も珍しい．もちろん思い描く理想の模型への糧としての行脚だったが，あの時の実体験こそが今のエコーモデルをかたち作っている．

"記録魔"だけあって，訪れた鉄道の記憶はノートに詳細に残されている．尾小屋鉄道訪問時の尾小屋駅周辺平面イラスト

阿部さんは鉄道のみならず，街中の暮らしにも暖かい視線を向けている．それは「時代」を記録することでもあった．秋葉原駅の自転車のアイスクリーム売り

手作りの平行プレートに載せられた愛用のニコンとマミヤプレス

マミヤプレス一式を詰め込んだカメラバックが肩に喰い込む．理想のモデルシーンを求めてひたすら全国を歩いた日々……

ストーブ，電灯，そしてぶら下げられた手拭い．駅務室のこんな小物の数々こそが，シンパシーを感じる小宇宙だった
頸城鉄道明治村駅

映画「ALWAYS 三丁目の夕日」とのコラボ作品のひとコマ

エコーモデルの目指したもの

エコーモデルの目指したもの，それは決して単なる車輛模型ではなく，ドラマのある「鉄道模型」だった．例え，小さなジオラマであっても，ジオラマ作家が鉄道をモチーフとしたのではなく，現場を歩き尽くした阿部さんが辿り着いた表現方法だからこそ，激しく頷けるのだろう

廃車体に命を吹き込む．微妙な錆や埃の表現は決して単なる"汚し"ではなく，むしろ廃車体へのひとつの愛情表現

こんな物置ひとつにしても，きちんとプロトタイプがあり，徹底的に取材しているのが驚き

もちろん独自の車輛模型も製品として送り出している．ただ，そのラインナップは東野鉄道DC20を初陣として，Cタンクシリーズ，木造2軸客車など方向性が鮮明だ

歴代の模型工作日誌．細かい字と図解で埋められたノートは2001年6月13日まで続く．これとは別に開業日誌（のちの営業日誌）が今日まで続いている

現在のエコーモデル店頭．時代の変化に対応しながら今後もファンをワクワクさせる製品作り，そして店作りが続くことだろう（2022年撮影）

阿部氏といえばノート．少年期からなんでもノートにとっていた．最初のノートは中学生の1959年11月からで，城新鉄道建設に関わるものだった．これは1960（昭和35）年4月に書かれたED11の製作ノートで，この時は絵の具とニスで仕上げている

もっとエコーモデルを知りたい人にオススメの2冊

エコーモデルを深く知りたいのであれば右の2冊をオススメしたい．『鉄道模型趣味』2022年6月号は「TMS創刊75年記念◆連載 私とTMS」第9回記事として8頁にわたり，エコーモデルの歴史と阿部氏の半生が綴られている．カタログ・工作法を知りたいなら2024年10月発行の『鉄道模型ひとすじ50年 エコーモデル総合カタログ』である．このカタログは9年振りのリリースであり，はじめて1冊でエコーモデル製品の全てが分かるようになった．内容は大幅にアップデートされており，新規作品の書き下ろしも複数掲載されている．16番を楽しむ全てモデラー必読の書であろう．

鉄道模型趣味
2022年6月号／No.965

発売：機芸出版社
雑誌：1,000円（税込）

鉄道模型ひとすじ50年
エコーモデル総合カタログ

発行：エコーモデル
発売：ネコ・パブリッシング
書籍：3,960円（税込）

2024年 投票結果発表

第7回 MODEL OF THE YEAR JAPAN 日本モデル・オブ・ザ・イヤー®

会場の一角に貼られたリストを真剣に検討する来場者．総投票数はNゲージ部門1,108票，一般部門260票

2023年8月から2024年7月までの1年間で発売された鉄道模型（塗装済み完成品）はNゲージ544，一般334，計878アイテムだった．その中からJAM来場者が最優秀模型を投票で選ぶ．

※アイテム数はModels IMON入荷実績に依る

選定規定

・2023年8月1日〜2024年7月31日の間に日本国内において市販を開始した鉄道模型車輌（塗装済完成品形態に限る）が対象．スケール，メーカーは問わないが，部門として「Nゲージ部門」「一般部門」に分けて実施する．

・イベント限定品は除く．

・「塗装済ディスプレイモデル」選定対象外．

・入場券1枚につき1回，2部門のうちどちらかに1票投票．

・製品のリストはModels IMONでの入荷取扱実績に従い会場に掲示．またWEB上でリスト・写真をアップし，投票所に備えられたパソコンでのチェックも可能．なお，リストにない商品（＝Models IMONで取扱がなかった商品）でも，規定に合致するものであればその旨を記すことで投票できる．

第7回日本モデル・オブ・ザ・イヤー®ではNゲージ部門・一般部門ともに東武鉄道N100系〈スペーシア X〉が第1位に輝いた．この浅草〜東武日光・鬼怒川温泉間を結ぶ東武鉄道の新型特急は，登場から30年を迎える100系〈スペーシア〉の後継車として2023年7月15日にデビュー以来，レイルファンの間では絶大な人気があり，模型でもその注目度が反映されたと言えよう．それぞれ技術の粋を凝らした渾身の製品である．

Nゲージ部門 第1位

第7回 日本モデル・オブ・ザ・イヤー®
東武N100系 スペーシア Xセット
〔トミックス〕

東武日光・鬼怒川温泉寄りの先頭車 N100-6．特徴的な窓回りもシャープに再現され内装が実感的

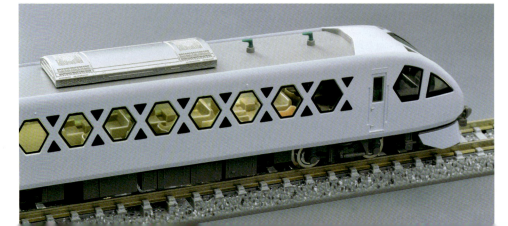

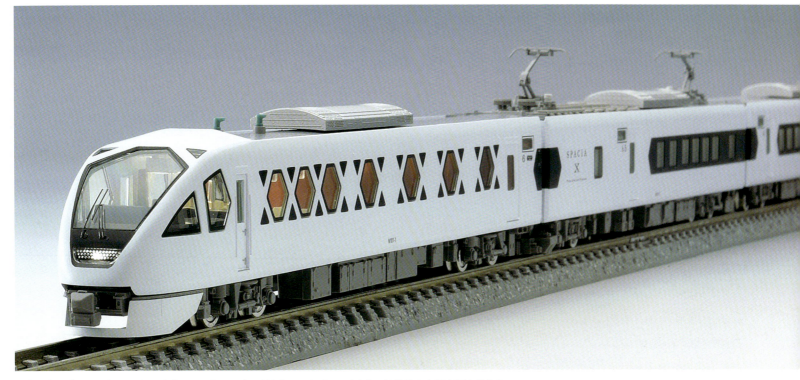

両先頭車は「コックピットスイート」「コックピットラウンジ」「コンパートメント」と，特徴的な内装表現を備えていることもあり，シェードランプと組み合わせて実車の持つ雰囲気が可能な限り再現されている

●受賞のことば

弊社製品「東武N100系スペーシア Xセット」が「日本モデル・オブ・ザ・イヤー2024」Nゲージ部門第一位という，輝かしい賞を頂戴し誠に光栄に思います．TOMIXではこれまで「100系スペーシア」「500系リバティ」と東武鉄道の特急車両を中心に模型化をしてきました．その中で新型スペーシアを企画した際，感じたのは東武鉄道様の本車両にかける気概や思いです．その思いに応えるべく，実車と共に永くお楽しみを頂ける模型を目指し，特徴的な内装などを再現したハイグレード仕様での商品化を決意しました．スタートアップの際，開発メンバーで話し合ったのは，先鋭的な実車の模型化なのだから「個性的なこと・何か変わったこと・オモシロイことをしよう！」ということ．そこから試行錯誤の日々が始まりました．先頭形状の再現では運転台窓のパーツ割りなど，何度でも納得いくまで形状出力し直した結果，自信を持ってお勧めできる模型を再現出来ました．さらにはコックピットスイートや室内照明の追求，薄型動力を採用して動力車のシートが見えるようにするなど，あらゆる部分にこだわりが詰まっております．更に「オモシロイことをしたい！」という思いの元，ハイビーム/ロービーム切り替えを新機構として搭載，また一見シンプルな外観を再現するに当たり，彩色にも多くの配慮を行うなど，開発チームが多くの困難を調整した結果であると感じています．トミーテックの総力を挙げて製品化しました．スペーシア Xを模型の世界で末永くお楽しみください

この度は受賞となりましたこと，再度お礼申し上げます．

(株式会社トミーテック　鈴木雅之)

先頭車のヘッドライトは，ハイビームとロービームをスイッチの切り替えで再現，テールライトは赤色LEDにより点灯

N100-2, N100-4の一部屋根上配管は別パーツできわめて立体的に表現されている

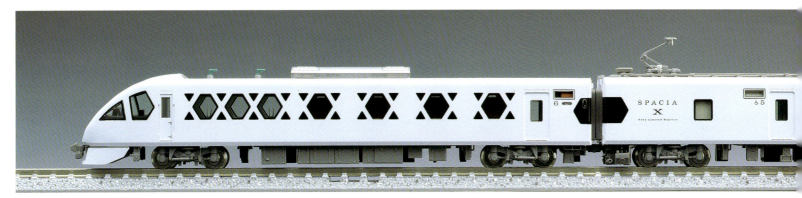

日光東照宮陽明門・唐門・御本社に塗られた「胡粉（ごふん）」の白をイメージした実車の塗装イメージを的確に捉えている

一般部門 第1位

MODEL OF THE YEAR JAPAN 1st

第7回 日本モデル・オブ・ザ・イヤー®
東武鉄道 N100系 スペーシア X 「匠シリーズ」
〔エンドウ〕

「一般部門」はNゲージ以外のジャンルで，第7回の栄えある第1位となったのは，エンドウ16番の東武鉄道 N100系スペーシア X「匠シリーズ」であった．"匠"と銘打つだけにその美しい仕上がりは，クオリティの高さを感じさせる輝きだった．

浅草寄りのクハ N100-1形（6号車）は定員4人の「コンパートメント」4室と定員7人の「コックピットスイート」1室からなる．先頭車の付随台車は日本製鉄製 SS192T

モハ N100-2形（5号車）はスタンダードシートのほか簡易コンパートメントも備える．パンタグラフは東洋電機製 PT-7112C，中間車の電動台車は SS192M

モハ N100-3形（4号車）スタンダードシート

モハ N100-4形（3号車）スタンダードシート

モハ N100-5形（2号車）は全35席のプレミアムシート

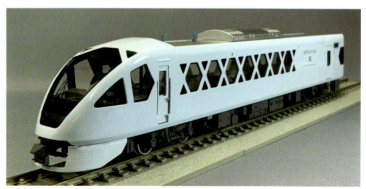
東武日光・鬼怒川温泉寄りのクハ N100-6形（1号車）はカフェカウンターもあるコックピットラウンジとなっている

●受賞のことば

この度は弊社匠シリーズ東武スペーシア X が第7回日本モデル・オブ・ザ・イヤー®を獲得との事で大変光栄に存じ上げます．

そもそも匠シリーズとは旧来の鉄道模型量産製品において一般的であった厚く一発で塗る塗装方法を改め，薄い塗料を何度も重ねる事でシャープなディテールを維持したまま美しい塗装表面を実現したシリーズです．旧来の鉄道模型の数倍の時間を要して製造される製品は現代のマニアの審美眼に応えうるクオリティであると自負しております．

このスペーシア X も鉄道会社様の協力により実車のカラーチップを基に作成した車体色や部位による光沢度の違いの再現の他，正確な車体の再現や，ロストワックス製の前面パーツと外側からはめ込むことで車体と面を合わせたアクリル切削による窓ガラスパーツなど非常に手間のかかる製法で拘って製造いたしました．

唯一の心残りは近年実車で標準化している有機 EL による灯火と表示類ですが，これも今後模型用の小型有機ディスプレイの登場で，さらに精密に再現していける事でしょう．

今後もキング・オブ・ホビーと呼ばれる鉄道模型の可能性を信じて更なる進化発展を目指す弊社製品にご期待頂けましたら幸いでございます．

（株式会社エンドウ　門田展幸）

KATO 283系「オーシャンアロー」(N)

KATO C56 160 (N)

KATO E261系「サフィール踊り子」(N)

トミックス 小田急ロマンスカー 50000形 VSE(16番)

天賞堂 EF15 カンタムサウンドシステム搭載(16番)

天賞堂 C57形蒸気機関車 1号機 お召仕様(16番)

天賞堂 小田急7000形 LSE(16番)

KATO EF55高崎運転所(N)

ポポンデッタ 東急電鉄5200系(N)

KATO 58654+50系「SL人吉」(N)

■ Nゲージ部門 結果(9位まで)

順位	メーカー	商品名	投票数
1位	TOMIX	東武 N100系スペーシア X	135
2位	KATO	EF55 高崎運転所	77
3位	ポポンデッタ	東急電鉄5200系	41
4位	KATO	58654+50系「SL人吉」	40
5位	KATO	283系「オーシャンアロー」	28
6位	KATO	381系＜国鉄色リバイバルやくも＞	27
7位	KATO	E131系 500番台 相模線	25
8位	KATO	E261系「サフィール踊り子」	23
9位	KATO	C56 160	16
	KATO	近鉄10100系＜新ビスタカー＞(改装形)	16

総得票数：1,108

■ 一般部門(7位まで)

順位	メーカー	商品名	投票数
1位	エンドウ	東武鉄道 N100系 スペーシアX「匠シリーズ」	35
2位	天賞堂	小田急7000形 LSE	22
3位	TOMIX	小田急ロマンスカー 50000形 VSE	11
	KATO	EF58 (ツララ切り付・ブルー)	11
5位	エンドウ	小田急3000形 SE車	7
	エンドウ	小田急3000形 SSE	7
	天賞堂	EF15 カンタムサウンドシステム搭載	7
7位	エンドウ	西武鉄道30000系	5
	天賞堂	C57形蒸気機関車 1号機 お召仕様	5

総得票数：260

Close-up Modelers Performance

重量感に圧倒！
ディテールを追求した魅惑の5inライブスチーム
蓮田第一機関区「配置機関車」

■ 蓮田第一機関区の活動

　私たちは普段各々のクラブに所属またはフリーで活動していますが，以前より各地域のイベントで顔を合わせ同じ価値観で意気投合した仲間であり，所属クラブの枠を越え活動できればと，関東にあるクラブレイアウトを借り年2回（当初は年1回）土日に運転会と懇親会を開催しています．

　定例運転会とは別の日に設定しているので通常の運客はせず，時間に追われることなく自分たちのペースで思い思いの貨車編成や客車編成で遊び，それらをつなげた重連や三重連での運転を友人を呼んで皆で楽しんでいます．

　いつか夢見た憧れの世界の情景に浸り，運転のほか製作技術や，情報の共有も出来て，この運転会を車輛製作の目標にしたりと，大変有意義な活動が出来ています．今回，活動5年を迎えてJAMに出展し，さまざまな方とお話出来たりご意見を伺えたことに感謝しています． (田中　一)

● 走行映像はYouTube　nakac56をご覧ください．

C58 277　　大坂秀樹（ライブ暦16年）

　以前から門デフタイプを装備したカマに魅力を感じていて，道東で活躍していたJNRマークの付いた後藤工場デフ装備のC58 33か，門鉄デフ（K-7）を装備したC58 277にするか迷いましたが，現役時代，常に美しく整備されていた九州の元お召機C58 277に決めました．大分運転所配置時代の青ナンバーです．動輪舎のキットをベースに製作，「生地完成」となったところで，宮崎県小林市に保存されている実機を見に何度も通って資料を作りました．

　キャブのドアが撤去されてチェーンで代用されているところや，目立ちませんが火室脇下部左右に2次燃焼促進装置（黒煙防止/実際は不成功だったようです）が取り付けられているところなども忠実に再現してあります．製作期間は約4年半．初めて扱う旋盤やフライスの操作でケガをしないよう注意して作りました．

大分運転所の青ナンバーを付け，門デフも精悍なC58 277．磨き上げられて佇む姿は威風四辺を払うがごとし．ライブスチームならではの重厚な鉄の質感である

元特急「かもめ」牽引用特別整備機のC57 11も，門司港区から福知山区に転属して重装備の山伏姿となった．ブラスト高く生野越えに挑む姿が目に浮かぶ

C57 11　嶋田英典（ライブ暦46年）

　C57 11を製作したのはまずは私が重油タンク・集煙装置・スノープラウ等取り付けた重装備の機関車が大好きだからです．10年ほど前までは3.5インチを主にやっていまして，これまでにD51 477, C57 48, C59 124, 39680, C11 165などを製作してまいりました．この中で最初に製作したのが人吉区のD51 477で，重装備に惹かれて作りました．C57 48も同じく人吉区所属ですが，こちらは原型に近いスッキリとした標準型です．そこで5インチのC57を製作する機会に恵まれた時には，ぜひとも重装備のC57を，となったわけです．最晩年の播但線時代の門鉄デフ付き重装備C57 11を選定いたしました．

　福知山・豊岡区の運用範囲は山岳地域であるため，勾配・隧道及び降雪と機関車，乗務員に対して苦労が多い線区でした．これに対応するために集煙装置・重油併燃・スノープラウ・つらら切り・バタフライスクリーン等と多種のオプション機器を備えた機関車となっております．

　製作するに当たっては，豊岡市の公園に実機が保存されていますので100枚ほど各部の写真を撮ったり，現役時代の写真を集めたり，機器図面を確認したりして，機器にもこだわって製作いたしました．

　ただ実車では前面ナンバープレートの上部に架線注意のプレートが付いておりますが，個人的にこの位置はどうしても好きになれませんので，あえて取り付けておりません．

　製作期間は約4年です．製作においてスノープラウと集煙装置が厄介でした．スノープラウは断面が曲線になっているため，左右角度を付けて作るのに何度も接合部の調整が必要でした．また，集煙装置前部の曲面部工作をどのようにするかと悩みましたが，結局板材の曲げ加工での製作は止めて真鍮材ブロックから削り出しました．

鷹取工場式集煙装置と天窓開閉ロッド・エアシリンダー

580ℓの重油タンク

機関士側の前面窓にはワイパーが付く

51輛のC58が戦時中陸軍南方作戦用に供出されたが138号機もその一輛．作品は機番のみいただいた．実機はメーターゲージに改軌されてタイに向け航送されたが，消息は不明

C58 138　中川光朗（ライブ暦37年）

　鉄道趣味の始まりは5歳の頃に父親に連れられて沼津機関区で見た蒸気機関車でした．

　月日は経ち，テレビで観た日本工業大学でのミニSL世界大会に感銘を受け，その時に二つの目標を立てました．
　①重連するために国鉄型蒸気機関車2台
　②貨物列車製作（欧米では客車や貨車を牽引している）

　この目標に向かい，40歳でC56を作成しましたが，48歳でC58を手に入れることになりました．

　C58をどのように作成するのか悩みましたが，私の金属加工能力は中学の技術科授業で文鎮を作るさいの旋盤とタップ作業の技術しかないので，高度な技術を要する特定機関車を作成することを諦めました。何号機にするのか考えましたが，太平洋戦争時に供出された最終番号機C58 138に決めました．

　蒸気の力で開閉する焚口戸の，開閉ボタンの設置場所，ドンキーポンプ作動メーターの設置が苦労したところです．

　走行までの作成期間は4年ほどでしたが，完成後も気になり作成しました部品を取り付けて完成から15年が経ちました．

重油タンクは配管とともに着脱式

山椒は小粒でぴりりと辛い…，小柄ながら引き締まったプロポーションのC12．熊本機関区所属機を彷彿させる緑ナンバーである．実機のC12 254は長らく会津若松機関区（→磐西線管理所）で使用された

C12 254　乾　秀毅（ライブ暦20年）

　5インチライブスチームの世界に入る以前は，2人の息子と週末，ダイニングテーブルの上にレイアウトを広げるNゲージャーでした．そんな機関車好きの長男（当時4歳）と出掛けた東静岡の「トレインフェスタ」で，煙をモクモクと吐きながら走る蒸気機関車を見たのがライブスチームとの出会いでした．

　国鉄型蒸気機関車が欲しいという動機で選んだのが，動輪舎で販売されていたキットのC12．製作には約10年掛かりました．私がIT関連のサラリーマンで金属加工等の経験がまったくなかったこと，そして息子たちが小さく，幼稚園や学校のこともあり，まとまった時間が取れず，時間が掛かりました．

　私の機関車の特徴は緑色のナンバープレートとロッド類でしょうか．諸先輩方のC12には鉄道模型の精巧さではではありませんので，何か特徴を，と思い採用したのが，この"みどり色"です．

C56 44　四之宮祥夫（ライブ暦21年）

私のC56 44は大井川鐵道仕様ではなく，原形仕様としました．動輪舎の製品が発売されるとさっそく購入しましたが，私の技術力では歯が立ちそうもなく，10年ほど箱のままでした．

中川光朗さんが「インターネットで程度のよい下回りが出た」との連絡をくれました．動輪舎の矢作さんのご尽力もあり，下回りは組み立てずに済みました．上回りやテンダーの組立ては，同じく仲間のKさんの工場が自社製品が一段落したということで，製作依頼．というわけで私は機関車組立ての苦労というものを知りません．皆様のお蔭でC56 44が目の前に出現したのです．

テンダー台車には地元仲間の奈良間さんが考案製作した水圧式ブレーキ装置を装備しています．実機の貫通ブレーキのように被牽引車にテンダーのレバーを操作して，ブレーキを作動させることができます．

C62　和田　章（ライブ暦48年）

子供の頃，祖父に連れられ山手貨物線に架かる橋から眺めた蒸気機関車と，父の本棚にあった科学模型雑誌のライブスチームの作り方の記事を見て，「いつか自分も作ってみたい」と思ったのを覚えています．

24歳の頃，新宿三角ビルで行われたミニSLイベントにて特に目を惹くC63があり，圧倒されて見ていたところ，持ち主の方が「そんなに好きなら作ってみるか？」と声をかけてくれました．さらにC58の動輪の鋳物を譲っていただけることになり，これが私のライブスチーム歴の原点でした．家業が町工場だったことで機械と技能を教えてくれる職人さんにも恵まれ，設計から製作まで10年余りを掛けてC58を完成させました．その後，協力者を得て動輪舎を立ち上げC56はじめ計4形式の蒸気機関車を設計製造しました．

今回展示のC62は，「いつかはC62」という思いで，集大成として製作に取組んでいます．製作期間は構想から数えると30年以上になります．今までの経験から実機の構造をより忠実に再現したいと考え，ドンキーポンプやイコライザーの実働に加え，初の試みとなる動力逆転機やバイパス弁も実働させるべく工夫を重ね製作しています．

ほどよく煤けて実感的な逞しさが漲るC56 44．原形仕様なのでキャブ屋根など大鉄の実機とは異なる

C56 160　渡辺孝治（ライブ暦16年）

5インチゲージの世界に入って今年で16年になりました．このC56 160号機は完成から6年目です．

今から46年ほど前に初めて見た蒸気機関車で，客車6輌を牽き本線走行をしていた姿に感動し，この形式を作ろうと決めました．また，当時の赤色ナンバーに赤ロッドが忘れられず，現在の「スチーム号」の姿とは違いますが，「SL北びわこ号」本線ラストランの姿をミックスして表現しました．

動輪舎のC56の中古品をベースにしました．走れるまでに約1年，北びわこ仕様にするために約5年をかけ，現在に至っています．

作り込まれたC62の下回り．動力逆転機，バイパス弁も実働させる意欲作

JR西日本の動態保存機C56 160．随所に施された金色の装飾と赤の色差しが美しい磨き込まれた晴れ姿だ

モデラー秘密のテクニックや実物の解説を間近で学ぼう！
鉄道模型クリニック

模型ファンの増加と多様化に伴い，いまや一年間に多くの鉄道模型イベントが開催されるようになった．その多くはメーカーやアマチュアが主催する模型展示，物販等が主であるが，このような規模とバラエティでクリニックを開催するイベントはJAMを除いて他にない．今年は22講座が3日間にわたって開催された．生憎の荒天日もあったが，どの講座も大盛況で内容の濃い90分であった．各講座の概要をご紹介しよう．

田端機関区の近くで祖母が紳士服店を営んでいました．その影響から私が作る機関車は東海道筋の花形とは違う，武骨で地味な機関車ばかり．私にとって模型は古き良き思い出を蘇らせてくれるタイムマシンです

クリニックを誌上にて再現した完全保存版

車齢を重ねた鋼製車のヌルッと感に徹底的にこだわる！
ガタピシ表現でゴハチを作る

講師：まるお　8月18日（日）　第2限教室3

今回クリニックでクローズアップするのは，まるお氏が手掛けるガタピシ車輌群である．写真をご覧いただければお分かりのとおり，車輌はいずれも古い鋼製車独特の歪みを持ち，色褪せや錆が出るたびに塗り重ねたペンキの質感が表現されている．これらはたしかに"綺麗"ではないが，しかし鉄道ファンなら分かる"美しさ"を持っている．どのように加工すればこのような質感が手に入るのか？　まるお氏協力のもと，誌上クリニックにてご覧に入れよう！

題材となったEF58 35を持つ まるお氏．Nなので当然小さいのだが，覗き込めばそこには大きなスケールにも負けない実感溢れる"ガタピシ"な世界が広がる

■ 鉄道模型の印象把握とは？

図面をもとに作図し，縮小化した"きれいな"模型ではなく，目を凝らせば錆と経年で歪んだボディにペンキを塗り重ねた"ガタピシ"な車輌が現れる．そんなNスケール車輌を求め，デザインナイフで傷を付け，筆で丁寧に塗り重ねる．まるお氏の技法は鉄道模型の世界ではかなり変わっている．クリニックの内容はP44以降に掲載した写真をモニターに写し，どのように加工したかの解説が主であった．

今回，題材に選んだのは新潟の厳しい風雪に耐えたEF58の35号機である．KATO製品をベースに徹底的に手を加えている．

加工のためにまず必要となるのは実車の丁寧な調査だとか．手を加える前に35号機にはどんな特徴があり，どこを強調し，どこを省略するかを考える．

また，大切なことは一発で成功することではなく，失敗しても"いろいろともがいてみる"こと．それを楽しむこと自体が趣味ではないだろうかと氏は考えている．

題材となったEF58 35以外にも様々なガタピシ車が展示されていたが，いずれも見事に"らしさ"が伝わる作品であった．

アシスタントは碓氷峠鉄道文化むらのボランティアをしている天野 広夢さん．親子ほど年の離れた間柄ですが，彼の工作力，とりわけ塗装術には目を見張るものがあります．詳しくはYouTubeでご覧いただけます

■ 精密より質感　文・製作写真：まるお

私はデッサンをする感覚で模型を作っております．デッサンとはモチーフ（実車）の形状，色，質感，構造，そして「影」を描くことです．始まりはクモハユニ64を作ろうと実車写真を観察していた時でした．前面左下に大きな凹みがあることに気がついたのです．やがて側面の凸凹にも目が行くようになり，そこにえも言えぬ魅力を感じました．無性に作りたくなり気がつけばボディを彫っていたのです．実車を観察しながら彫ったり削ったりを繰り返し，塗料を何度も塗り重ねて表情を作っていきます．

次に線の整理をする，という工程があります．プラ成型の抜き勾配による僅かな隙間，これが実車には存在しない「線」を作ります．この線を消すとNゲージっぽさが払拭され，ぐっと実車感が高まり，かつ重量感が生まれます．実車とは別の素材で実車のような質感を出すのはとても楽しいですね．鉄，ガラス，樹脂，ゴム，木，線材，それぞれをどのようにして表現するか，メイク＆トライを繰り返します．その際はなるべく固定概念を捨てて，柔軟に様々な角度から模型へのアプローチを探し，構築していくよう心掛けております．そして「常に頭の中に完成形をイメージする」これが一番大事なポイントです．

また，どんな工程も最初から上手くいくことはありません．でも，諦めずに挑戦し続けると何かしらの答えは出ます．その答えが今使えるか，それとも後に使えるか，というだけで「模型作りに失敗なし」なのだと思っております．「模型作りって面白そう」「自分でも作ってみたくなった」そう思って頂ければ幸いです．

A： EF58 35の加工

ゴハチの製作期間は2021年11月から2022年3月の約5カ月間．毎日少しの時間でも模型に触ることで，指先の感覚や目の焦点が整っていくように感じます

 **A01** まずは車体の全面をノミを使って彫っていきます	 **A02** ノミは1.2mmと1.6mmの2種類を使用．余計な傷が付きにくいよう刃の両端を丸くしてあります	 **A03** 大きな面を崩さないよう，特に鼻スジを大事に彫っていきます	 **A04** ドアは塗料で埋まりやすいので，より深く彫ります
 **A05** 傷がついても気にせず進めます	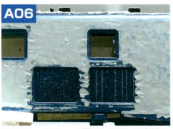 **A06** エアフィルターの周りは歪みを意識してより深く	 **A07** 前後しますが，抜き勾配による窓の隙間を埋めます	 **A08** 窓は製品の部品をひとつひとつ分離して薄く仕上げます
 **A09** 隙間にタミヤセメント（流し込みタイプ）を流し，数分したら窓を圧入	 **A10** ヒサシはt0.2mm真鍮板に切り込みを入れて，φ0.2mm真鍮線をハンダ付けします	 **A11** 適当に曲げて脱着を繰り返して形を整えます	 **A12** ヘッドライトを短くして，おでこの溶接痕をプラシートで表現します
 **A13** 前面下にあるステップは縞鋼板を切り出して差し込みます	 **A14** 乗務員扉の沓摺も縞鋼板を切り出して差し込みます	 **A15** ベーク板に穴を開けエッチングパーツの配管止めを差し込み，ステンレス線をハンダ付けして握り棒を再現	 **A16** ハンダを盛って特徴的な握り棒の丸味を表現します
 **A17** 1.4×0.2mm真鍮板に幅1.4mmの足をハンダ付けしてランボードを作ります	 **A18** 前面手すりはφ0.1mm真鍮線，ボディの接合部分はプラシートで作ります	 **A19** テールライトを差し込む穴は，あえて内股になるよう開口します	  **A20** ホイッスルカバーはUの字になった真鍮パイプに真鍮板をハンダ付けします
  **A21** ボディから浮いた状態のホイッスルカバーが出来ました．前から見るとホイッスルが見えます	 **A22** 塗装工程に入ります．筆塗りを重ねていきます	 **A23** 凸凹が一枚の鉄板に見えるよう，塗りと削りを繰り返します	 **A24** Hゴムがボディ面より少し出るようはめ込み，塗料で接着します

ガタピシ表現でゴハチを作る

車輪を重ねた鋼製車のヌルッと感に徹底的にこだわる！

A25 ペンキで塗ったようなヌルっと表情になったら塗装完了

A26 前面塗り分けのマスキングをしたら、薄め液で見える青を溶かしておきます

A27 ヒサシを差し込んでプライマー→タミヤラッカー白を塗って下地とします

A28 本塗装が完了しました．飾り帯は黒を塗った上にシルバーを塗りました

A29 塗装完了！と思いきや，ヒサシの幅がちょっと広いな……

A30 屋根の塗装に入ります．まずはランダムに様々な明るい色を乗せるように塗ります

A31 カラフルな下地に黒を塗り重ねていきます．一度塗ったところは乾くまで二度塗らないのがコツです

A32 エッチングパーツのデフロスタにφ0.1mm真鍮線をハンダ付けします

A33 よく見たら、チラッと熱線が見える感じに

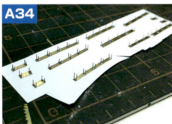
A34 ランボードに木目表現をする為にプラシートを接着．（次工程は A54 からとなります）

A35 先台車に真鍮パイプや真鍮板を駆使してディティールを構築．下は真鍮線とパイプを使用したエアホース

A36 実車写真を何度も見てそれらしく作っていきます．頼りにするのは自分の目，すべて目見当で作りました

A37 台車の樹脂に取り付けると強度不足なので，板を這わせてそこにハンダで固定していきました

A38 次にパーツ作りです．何度も失敗しながら進めていきました

A39 すべての部品が完成しました．塗装してしまうと，わかりにくくなるのが寂しいところです

A40 仮組みをしてホース類の曲げ具合を含め雰囲気を確認します．もちろん走行に支障がないかも確認します

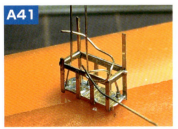
A41 ATS車上子も真鍮板や真鍮線で作っておきます

A42 走行に支障がないよう、確認を繰り返し台車と結合しました

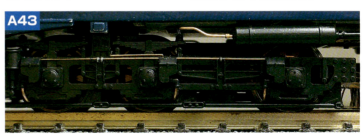
A43 台車にも適当にディティールを加えていきます．何を付けるのか，取捨選択は気楽に考えるようにしています

A44 ヘッドライトをピンバイスに咥えさせ、レンズ裏をすり鉢状にスライスします

A45 すり鉢状にすると、リフレクター効果が生まれ、明るいヘッドライトになります

A46 運転台もプラ板や余った真鍮線やパイプを使って作りました

A47 側面のガラス類はすべてエンドウの窓ガラス用塩ビ板から切り出しました

A48 窓ガラスの接着する位置をずらすことで，引き窓を表現します

A49 別に塗装しておいたホイッスルカバーを差し込みます

A50 チラッと見える運転台が楽しい

A51 A29 で気づいたヒサシの幅が広過ぎた件を修正します

A52 曲げ位置を狭めて再度取り付けました．ひび割れ等は塗装でリカバリーできます

A53 これで納得のゆく雰囲気になりました

A54 A34 からの続きです．木目表現にデザインナイフで切り込みを入れて，様々な色を乗せます

A55 茶色を重ねていくと段々と木の表情になっていきます

A56 最後にドライブラシで木目を浮き上がらせます

A57 テールライトは真鍮パイプを使って作り直しました

A58 テールレンズは光ファイバーを切り出し，切断面が半球体になるまで塗料を盛って育てました

A59 固定窓の隙間は塗料で埋めました．引き窓との段差がはっきりと表現出来ました

我が家は毎年築場へスキーに行きました．その時に乗った青い旧型国電は今でも忘れられない良い思い出です．当時は子供でしたが，海坊主を見て「なんてかっこ悪いんだろう」と思っていました（笑）

B：大糸線の旧型国電

B01

B02

B03

B04

C：ほか加工例

C01

C02

旧型国電はよくわからないと思われがちですが，知識ゼロの私でも十分楽しむことができました．一輛一輛資料探しから始めると，興味をそそる様々な点が見つかり，製作意欲が上がります．また，大まかな部品は共有しているので，作れば作るほど慣れていき工作力の向上に繋がると思います．

B01 当時は格好悪いと思いつつも，そのインパクトが製作欲に繋がったクモユニ81と大糸線の旧型国電
B02 ここまで配管に拘ればNスケールとは思えない説得力ある姿になります
B03 通風孔，ワイパーの軸，ジャンパ栓，ひとつひとつの部品を大事に大事に作りました
B04 キャンバスの繋ぎ目，風雪に耐えた屋根，おでこの錆，すべてのモチーフが魅力的です
C01 ガタピシを作るきっかけとなったクモハユニ64．左下の大きな凹みは，もはや顔の一部です
C02 前面扉の左右にある小さな凸凹や，独特の形状の昇降ステップ等を忠実に再現しました

鉄道模型クリニック

講師	阪本 昇次	Oゲージナローで作る
日付／場所	8月16日／第2限教室2	**アメリカンレイアウトの楽しみ方**

　米国に多い軌間3フィート／914mmのプロトタイプを縮尺1:48、ゲージ19mmで模型化する、On3レイアウトを題材としたクリニック。講師の阪本さんはアメリカ・コロラド州の山間部、Denver & Rio Grande Western鉄道の架空の支線「Red Mountain Branch」という設定で固定式レイアウト製作し、運転を楽しんでいる。

　クリニックはご自身の趣味歴の紹介から始まり、レイアウトの構想からプラン作成、製作の過程や苦労話、完成後のシーンが写真や動画を用いて披露された。車輌、設備、沿線風景それぞれに独特の雰囲気があり、日本の鉄道模型愛好者の間でも人気が高い。Rio Grandeナロー路線の魅力がよく伝わって来た。

モニターを用いて解説する阪本さん。手に持っているのは会場で配布したレイアウト紹介の冊子

▲会場には機関車の模型を展示。手前の3輌はナローゲージで、奥は同じ縮尺の標準軌（32mm）の大型機関車

定規やコンパスなどを用い、作図中のレイアウト・プラン ▶

敷設中の線路。枕木を設置した後、レールをハンドスパイクする ▶

レイアウトを列車が走行するシーンを動画で紹介。機関車はサウンド付きで、臨場感は抜群！

講師	関 良太郎	**北陸本線 特急全盛時代**
日付／場所	8月16日／第3限教室1	

　2024年、我が国の鉄道で大きな話題となったのが北陸新幹線の敦賀開業である。これに因んで、新幹線開業以前、在来線の北陸本線が「特急街道」と呼ばれた頃を振り返るのが本クリニックの狙い。鉄道開業以前の北陸方面の交通事情から始まり、鉄道建設の歴史や、北陸本線の優等列車全盛期のシーンが周辺路線も含め写真や編成表などの資料で紹介された。大阪方面発着と名古屋方面発着の列車が交錯し、車輌形式の多様さも壮観で、まさに「良き時代」であったことが改めて感じられた。

並んだ2本の特急、「雷鳥」と「加越」。特急街道ならではのシーンである

鉄道開業以前の街道と北陸本線のルートを比較

モニターを用いて解説する関さん

講師	成田 冬紀・井門 義博	
日付／場所	8月18日／第1限教室3	

南九州の蒸気機関車

日豊本線を中心とした南九州では1970年代前半までパシフィックC55やC57が活躍し，さらに青森区から転入したC61も加わってファンが大いに注目した．1974年4月の日豊本線南宮崎電化により，これらの蒸気機関車の大部分が引退してから半世紀となるタイミングで，本クリニックの開催となった．講師を務めたのは2024年7月刊行の写真集『南九州の蒸気機関車』（発行：井門コーポレーション　発売：機芸出版社）の製作に携わった成田 冬紀さんと井門 義博さん．「最後の蒸機牽引定期急行『日南3号』」，「撮影地をめぐる」，「C57の形式写真」の3部構成で，豊富な写真と列車ダイヤなどの資料をモニターに映しながら解説した．あわせて語られた撮影時の様々なエピソードも楽しかった．

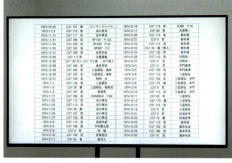

これまでに判明した急行「日南3号」牽引機の一覧

会場は満席．テーブルに向かって座っているのは，左から講師の成田さんと井門さん，MCを務めた山下 修司さん

1度だけ実現したC57重連（187+175）牽引の急行「日南3号」．　　　　　　写真：井門 義博

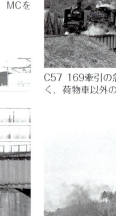

C57 169牽引の急行「日南3号」．この日の編成は珍しく，荷物車以外の客車がすべて10系で揃った．
写真：成田 冬紀

C57 116牽引の臨時急行「高千穂51号」．編成はグリーン車を含む5輌．　　　　　写真：成田 冬紀

講師	髙野 陽一・古谷 邦雄	
日付／場所	8月16日／第3限教室3	

中国最後の蒸機優等列車

1992年に刊行された中国蒸気機関車写真集『大陸の煙』（発売：ネコ・パブリッシング）の著者2人によるクリニック．1980年代から90年代にかけて，まだ数多く残っていた現役蒸気機関車を求めて中国へ幾度も渡航した際の記録が披露された．1985年当時，彼の地では7700輌もの蒸機が現役で，幹線でも特急・急行にあたる優等列車の先頭に立つなど，主力として活躍していた．日本より大きく迫力ある機関車が雄大な風景の中を走る姿は実に印象的で，情報収集や現地での移動に際しての苦労などエピソードも興味深かった．

中衛の砂漠地帯で長編成の旅客列車を重連で牽引する前進形蒸気機関車

『大陸の煙』を持った髙野さん（左）と古谷さん（右）

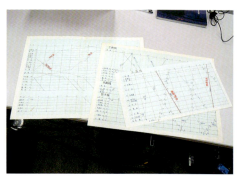

撮影時に活用した自作の列車ダイヤ

鉄道模型クリニック

講師	西橋 雅之
日付／場所	8月18日／第3限教室2

完成車輌 プラスワン

ベテランモデラーである西橋 雅之さんによる，縮尺1:80・ゲージ16.5mmの量産完成品を加工して自分だけのモデルにする技法のクリニック．第21回コンベンションのクリニックでは電気機関車とディーゼル機関車を題材としたが，今回は客車と貨車の作例が多数披露された．

近年の製品は細密度が向上しているが，自作や市販のパーツを利用した加工により一層実感的なモデルに仕上げようというものである．完成品をベースにすると，登山に例えれば八合目辺りからのスタートとなり，キットからの製作や自作に比べ時間が大幅に節約出来るのがありがたい．ディテールアップや，模型の印象を大きく左右する塗装とフィニッシングについて，工程を記録した写真を用いて詳細に解説された．

展示用線路に並べられた国鉄・JRのジョイフルトレインや貨車の作品群．いずれも量産完成品を加工したもの

クリニックでの解説でメインとなった，トラムウェイ製ジョイフルトレイン「サロンエクスプレス東京」．インテリアを含めた加工により，実物の印象が見事に再現されている

講師の西橋さん．手に持っているのは車運車ク5000の作品

「サロンエクスプレス東京」の屋根上の加工について解説中

この製品も細部への色差しをすることによりグンと実感的になる

国鉄の気動車，客車，貨車の作品群．ウェザリングも効果的だ

講師	風間 克美・名取 紀之
日付／場所	8月17日／第1限教室2

地方私鉄 失われた情景

モータリゼションが本格的に到来する以前は全国で多くの地方私鉄が営業し，人々の生活に欠かせない存在であった．本クリニックは，そんな地方私鉄の今は見られなくなった情景がテーマ．講師は『地方私鉄 1960年代の回想 上・下』（2018年・OFFICE NATORI），『地方私鉄 失われた情景』（2024年・機芸出版社）の著者である風間克美さんと，編集者の名取 紀之さん．モニターに映されたのは，カメラやフィルムが貴重だった昭和30・40年代に，車輌だけではなく駅や車庫などの設備，周辺の風景や人々の生活ぶりも記録した多くの写真や，地図などの資料．そして，路線や車輌の解説とともに撮影時のエピソードも語られた．関東鉄道竜ヶ崎線，日本硫黄沼尻鉄道，北陸鉄道能登線など，まさに「模型で再現したくなる」情景が次々と映し出され，会場一杯に集まった参加者は大いに刺激されたに違いない．また，「60年前の小さな旅－関東鉄道竜ヶ崎線」と題した小冊子が参加者に配布された．

未舗装の道路の脇を通る花巻電鉄軌道線．本クリニックの表題を象徴するシーンである

右が風間さん，左は会場配布の小冊子を持った名取さん

撮影旅行の際に持ち歩いたノート．詳細な旅程，車輌を採寸した記録などが残されている

講　師	服部 重敬
日付／場所	8月18日／第3限教室3

世界のレトロ電車めぐり

世界各地で見られるレトロな電車を紹介するクリニック．講師の服部 重敬さんは長年にわたり路面電車をはじめ各種鉄道を研究しているが，1981年に初めて欧州渡航して以来，海外の路面電車に関心を持ち，各地で普及が進むLRTを積極的に訪ねている．

クリニックは「今も現役のレトロ電車」，「観光目的で既存路線を走るレトロ電車」，「観光目的で路線を新規整備したレトロ電車（保存運転を含む）」の3部で構成．アジア，欧米，オセアニア各地の個性あふれる電車たちの写真や，路線図などの資料をモニターに映しながら，車両および路線について詳しく解説された．

映画で知られているアメリカ・ニューオリンズのオールドタイマー，香港の繁華街で人気の2階建てトラム，日本にもファンが多い東欧の路面電車「タトラ」といった有名なものから，マヨルカ島やロシアの地方都市などあまり知られていないものまで，車体形状も塗装もさまざまな姿が印象的であった．

ドイツ・ベルリンのレトロな電車．2013年の撮影で，車体の装飾は開業100周年を記念したもの

アメリカ・ニューオリンズのダウンタウンを走る路面電車．映画「欲望という名の電車」でも，広く知られている

オリジナルの姿に復元されたチェコ・プラハのタトラT2

講師の服部さんはNPO法人・名古屋レールアーカイブスの理事長も務めている

講　師	大竹 尚之
日付／場所	8月17日／第2限教室2

鉄道模型での樹木製作

鉄道模型の情景に欠かせない，樹木をテーマとしたクリニック．講師の大竹 尚之さんは少年時代から鉄道模型や実物撮影を楽しんできた．模型は5インチからHOナローまで手がけているが，メインはOn2-1/2である．昨今の鉄道模型は車両が精密で，DCCによりサウンドを含めた実感的な運転が出来るようになったので，それとバランスがとれる情景も欲しくなる．ここで重要となるのが樹木である．針葉樹と広葉樹，それぞれの複数の製作技法をはじめ，樹皮や落葉樹の枝などの表現も解説された．モニターに製作工程を映したほか実演も行い，情景製作を手がけるモデラーに大いに役立つ内容であった．

会場に展示された樹木の作例．実物の樹木をよく調べたうえで，それぞれの特徴が見事に再現されている

マイクを持っているのが講師の大竹さん．本業である形成外科クリニックのスタッフの皆さんがアシスタントを担当した

カメラとモニターを活用しながら，樹木製作が実演された

鉄道模型クリニック

講師	大山 正・松本 謙一
日付／場所	8月17日／第3限教室1

最後のC62特急「ゆうづる」

1965年10月に上野～青森間・常磐線経由の夜行特急「ゆうづる」が新設され，1967年10月に常磐線が全線電化されるまでの2年間，平～仙台間で牽引機を務めたのが平機関区配置のC62である．この日本最大最強の旅客用蒸気機関車C62が牽引する最後の特急が本クリニックのテーマ．講師は元仙台機関区の機関助士で写真撮影もされた大山 正さんと，当時「ゆうづる」の撮影に力を入れて著作も発表された松本 謙一さんが務めた．お二人が撮影された写真をモニターに映しながら，運転の現場とファン，それぞれの立場からC62や「ゆうづる」を解説するとともに，貴重なエピソードも語られた．

早朝の常磐線を駆け抜ける上り「ゆうづる」．牽引機は平機関区配置のC62 23． 写真：松本 謙一
緊張感に満ちたC62のキャブ内． 写真：大山 正

モニターに写真を映しながらクリニックが進められた．テーブルに向かって座っているのは，左から講師の大山さんと松本さん，アシスタントの藤井良彦さん

講師	風間 伊織・谷川 雄介
日付／場所	8月17日／第3限教室2

若手が語る古典列車の魅力 II

前回に続き，古典列車の面白さを若手モデラーが語るクリニックが開催された．古典列車というと「自分には縁がない」「資料がない」などの理由で敬遠しがちだが，実は意外に面白く身近な面もある．本クリニックではインターネット活用などによる情報収集の手法が解説され，鉄道専門の出版物以外に豊富な情報源があることが紹介された．特に，古い時代の写真は白黒しかないのに対し，錦絵はカラーで描写がかなり正確だというのが面白い．また，古典列車を楽しんでいる若手モデラーのグループ「陸Jokies」の活動紹介もあり，モデルの展示と合わせ，古典列車をこれまでと違う角度から見る，よい機会となった．

ペーパーキットを組み立てた古典木造客車，2軸の1・2等合造車と，2軸ボギーの3等車

モニターを用い，古典列車の情報の集め方を解説．情報源は意外に身近なところにもある！

講師は前回と同じ風間さん（右）と谷川さん（左）

講師	蓮池 一憲・滝川 晃・江添 和徹 水沼 信之（司会）
日付／場所	8月18日／第1限教室1

Nゲージの情景描写と内装

Nゲージの情景と車輌内装，2つのテーマをまとめたクリニック．前半は車輌内装製作の技法を，モデラーの江添 和徹さんが解説した．Nゲージの小さなサイズとしては信じられないような精密さで，高度なテクニックに強いインパクトが感じられた．後半は情景製作が題材で，コンベンションでモデラー出展している鉄ちゃん倶楽部の蓮池 一憲さんと滝川 晃さん，激団さんぽーるの大久保 友則さんが講師を担当．モニターに写真や動画を映し，技法が解説された．また，同日午後に本クリニックの延長として，この二つのモデラー展示の見学ツアーが行われた．

江添さんが製作した「トワイライトエクスプレス」個室寝台車の内装．Nゲージでは極限ともいえる精密である

左はMCの水沼さん，右は内装を製作した江添さん

蓮池さんと滝川さんが鉄ちゃん倶楽部のモジュール製作を解説

激団さんぽーる出展作品の情景製作を解説．マイクを持っているのが大久保さん

講　師	加坂 紳
日付／場所	8月18日／第2限教室1

韓国鉄道探訪

日本に近い国，韓国の鉄道をテーマにしたクリニック．前半は車輛の模型が主体で，現地で供給されているHO製品の数々が紹介された．また，現地メーカー hantrack 社のスタッフもオンラインで参加し，最新製品の見どころの解説や，通訳を交えて質疑応答が行われた．海外と通信しながらのクリニックは，JAMコンベンション初．後半は実物編で，写真をモニターに映しながら韓国の車輛や路線，利用方法などが解説された．自国製と輸入車輛が入り交じった，新旧さまざまなラインアップが楽しい．

現地hantrack社とのオンライン中継があり，日本で韓国型を楽しむモデラーには大変貴重な機会となった．

実物の列車を解説している講師の加坂さん

韓国車輛のHO車輛，完成品およびキットが展示された

講　師	新澤 仁志
日付／場所	8月18日／第3限教室1

それらしく作る1/80蒸機模型

講師の新澤 仁志さんは大の蒸気機関車好きで，縮尺1:80の真鍮モデル製作を手がけ，スクラッチした作品もあるという高度なテクニックの持ち主．上回り，下回りともにメカニカルな部分が多く露出している蒸気機関車の模型では，ディティーリングが重要となる．実物と全く同じにするのは非現実的で省略やアレンジが必要になるが，部品や配管などの構造を理解することが「それらしい」ディテールを作るのに役立つ．本クリニックの狙いはここにあり，図面などの資料や実物およびモデルの写真をモニターに映しながら，蒸気機関車の各部について解説された．ご自身が製作した精密な作品の展示もあり，市販の完成品とは異なる「それらしさ」が感じられた．

モニターに写真や資料を映し，蒸気機関車のディテールについて解説した

展示された真鍮スクラッチ作品，門鉄デフ付きのC50

ご自身で製作したC12を持った講師の新澤さん

講　師	八木 邦英
日付／場所	8月16日／第2限教室3

半世紀前の資料に見る線路の成り立ち

国鉄で線路関係の業務に長く携わった経歴を持つ八木 邦英さんによるクリニックで，テーマは「線路」．自己紹介に続き，半世紀ほど前に撮影された各地の写真を用いて線路や関連施設が解説された．その後は線路の構造や規格が豊富な資料とともに紹介され，さらにレールの種類へと話が進んだ．出来上がった線路では見ることが出来ない部分を含めて専門家の解説を聞く，貴重な機会であった．

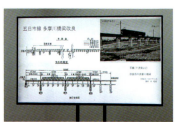
五日市線熊川〜東秋留間の多摩川橋梁，1970年代の改良工事に関する資料

線路に関する経験と知識が豊富な講師，八木さん

講　師	植松 一郎
日付／場所	8月17日／第1限教室1

全米模型協会コンベンションレポート

全米鉄道模型協会（National Model Railroad Association）が毎年開催しているコンベンションに，2023年に参加した際の模様を伝えるクリニック．コンベンションは毎年開催地が変わり，この年はテキサス州ダラス郊外だった．クラブや個人によるモデラー出展（植松さんもNゲージのモジュールを日本から持ち込んで出展！）やクリニック，並行して開催されたトレインショーの企業ブースの模様などが紹介された．

Nゲージのモジュール・レイアウト出展の様子．子どもたちも楽しそうなのは，JAMコンベンションと同じだ

講師は昨年までT-TRAKモジュールに関するクリニックを担当した，おなじみの植松さん

鉄道模型クリニック

線路を極める
講師：戸枝 裕雄・鴨志田 敏行
日付／場所：8月17日／第2限教室3

これまでのコンベンションでおなじみとなっている，戸枝 裕雄さんと鴨志田 敏行さんによる，線路を主体とした快適な運転のための技法に関するクリニックが今回も開催された．安定した集電が重要となるのだが，今回は車輪の踏面をきれいにする，自作の「卓上型電動ホイールクリーナー」がひとつの目玉となった．タミヤから発売の部品や素材などを利用したローコストなものだが効果は絶大．車輪を磨く実演も行われた．

「卓上型電動ホイールクリーナー」の構造

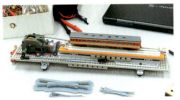
市販の部品や素材を用いて製作した「卓上型電動ホイールクリーナー」の実演

講師は戸枝さん(左)と鴨志田さん(右)

国鉄の特急用蒸気機関車
講師：髙木 宏之
日付／場所：8月18日／第2限教室2

今回のコンベンションのテーマ「特急列車」にちなみ，明治時代の輸入機から戦後に誕生したC62に至るまでの，特急用蒸気機関車を解説するクリニック．講師は髙木 宏之さんが務めた．図面や諸元数値などの豊富な資料や写真をモニターに映し，技術的な進化を中心に機関車の系譜が紹介された．構想されながら実現しなかった幻の形式や，海外の高性能機関車の例にも触れるなど内容は多岐にわたり，参加者の熱心な表情も印象的であった．

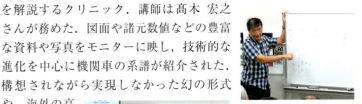
ホワイトボードを用い，C53の弁装置を解説

蒸気機関車を題材とした髙木さんによるクリニックはJAMコンベンション恒例で，今回も満席となった

3気筒のC52・C53開発の経緯をまとめた表

魅力いっぱい！ スイッチバック線路の成り立ち
講師：江上 英樹・栗原 景
日付／場所：8月18日／第1限教室2

140か所のスイッチバックを網羅した2024年8月の新刊，『スイッチバック大全』(誠文堂新光社)の著者，江上 英樹さんと栗原 景さんによるクリニック．一口に「スイッチバック」と言ってもさまざまなタイプがあるが，線路配置により独自の分類をしたうえで，それぞれの実例をわかりやすい図解と多くの方々から提供された写真を用いて解説した．すでに廃止されてしまったもの，線路配置を改めたうえでスイッチバックが存続しているものもあり，なかなか興味深い内容であった．

栗原さん(左)と江上さん(右)が楽しく対談しながら，モニターに映した写真や図を用いてクリニックが進められた

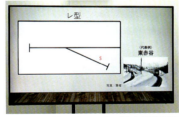
「レ型」と分類した，シンプルな線路配置のスイッチバックの解説

ABC of DCC Workshop
講師：加坂 紳
日付／場所：8月17日／第2限教室1

年々進化を続けているDCCをテーマとしたクリニック．講師はDCCの経験と知識が豊富で，専門誌に解説記事を発表した実績を持ち，ショップ「soundtrackage」を主宰している加坂 紳さん．難しいというイメージがあるDCCについて，「知識ゼロでも絶対使えるようになる！」というのが本クリニックの狙いで，走行やサウンドに関し仕組みや操作方法，製品の例などが詳しく解説された．市販車輛へのデコーダー搭載例も紹介され，DCCを始めたいモデラーに大いに役立つ内容であった．

天賞堂製品，東武鉄道6050系にサウンド付きDCCデコーダーを装着した例

車輛へのデコーダー装着や操作など，モニターを用いて解説した

エンドウ80周年に向けてのこれまでの歩みとこれからの展望
講師：門田 展幸(エンドウ)
日付／場所：8月17日／第1限教室3

1945年に創業，間もなく80周年を迎える日本の老舗鉄道模型メーカー，エンドウで企画や営業に携わっている門田 展幸さんが講師を務めたクリニック．同社の歴代製品から代表的なものを振り返るとともに，今後の製品化を検討しているアイテムの紹介もあった．モニターに各製品の写真などを映したほか，今では見る機会が少ない過去の日本国内向けおよび輸出向けの製品が展示された．モデラーの立場ではわからない，メーカーとしての苦労話も語られたのも，貴重であった．

展示された過去の製品．輸出向けのほか，懐かしいED58・EB66のほか，HSST-03リニアモーターカーもあった

往年の製品，キハ17を手にしながらエンドウの歴史を語る，講師の門田さん

トミックスの魅力発信 トライアングルトーク
講師：トミーテック
日付／場所：8月17日／第3限教室3

1976年にスタートして日本の鉄道模型を代表するブランドのひとつとなっている，TOMIXの魅力を語り合うクリニックが開催された．登場したのはトミーテックでTOMIXの企画に携わっている鈴木 雅之さん，ともにTOMIX製品を長年愛用しているモデラー，鉄道系テクノユニット・SUPER BELL"Z車掌DJの野月 貴弘さんと，元・日本テレビ「スッキリ」気象キャスターの藤富 郷さんの3人．初期から現在に至るまでの数々の製品を題材に，メーカー側とユーザー側からの思い出のトークが続き，愉快なエピソードも次々と飛び出して参加者の笑いが絶えなかった．

ポーズを決めた3人．左から鈴木さん，野月さん，藤富さん

モデラー出展 前編

渋谷スクランブル交差点（ランドスケープPJ　MAJIRIさん作）．1回の青信号で1,000人以上が行き交うとされる"世界で最も混雑する交差点"で，実際に1,000体を超す手塗りのフィギュアを丹念に配置している．あくまで交差点が主題のため，線路は同地から見た際にアイポイントとなる山手線の一部のみという思い切った構成だ

ランドスケープPJ ～現実風景をジオラマに～

Scale 1:150
9.0mm

実景再現をテーマとした情景モデラー3人による合同ブース．各人それぞれがCityscape Studio・オズモファクトリー・MATSURI MODELSとして，情景作品を製作するとともにオリジナルの情景小物を頒布するなど精力的に活動している．WEBで発表された作品も多く，YouTube上の製作動画でその完成度に圧倒された向きも多いだろう．

同じくMAJIRIさんが製作した新宿駅ジオラマ．南口の甲州街道新宿跨線橋からJRホームまでの一帯を再現しており，圧倒的な工作量で存在感を放っていた．3Dプリントなどの新技術と丁寧な手仕事の集大成だ

松璃さんは宇都宮ライトレールを再現したコーナーモジュールを製作．軌道敷や電停，架線支柱など仔細に作り込んである

オズモファクトリーさんの東海道線黄瀬川橋梁モジュール．フルに張られた架線により実感が増している

モデラー出展 前編

横須賀鉄道模型同好会

Scale 1:80
16.5mm

広大な16番レイアウトを展開し，長編成列車を颯爽と走らせる老舗サークル．2011年から12回連続でJAMに出展しており，メンバーに工作派が多いのも特色である．

今年はコンベンションテーマ"特急"に応えて，会員が製作・所有する私鉄の特急電車と地元京浜急行のネームドトレインを一堂に展示．カラフルな有料特急車と，懐かしいヘッドマークを掲げた京急の歴代車輌で観客を魅了していた．

自由な気風から若い世代の入会も増えており，真鍮製・ペーパー製からPLUMのプラモデルベースまで各自思い思いのフィールドで製作を楽しんでいる．作品の解説ボードも明瞭でわかりやすい

個性を競う華やかなロマンスカーや地元京急のネームドトレインが一堂に．メーカーや製品化時期による模型としての味わいも見どころである

J-TRAK Society
ジェイ トラック ソサエティ

Scale 1:150
9.0mm

NゲージモジュールレイアウトのNTRAKの日本版，JANTRAKに準拠して製作した作品を繋ぎ合わせ，個性豊かでダイナミックな展示運転を行う老舗サークルである．情景づくりの力量はもちろん，走らせて観客を魅了する演出術にも定評がある．

メンバーが製作したA4サイズのモジュール5作品を無料でプレゼントする企画も開催した

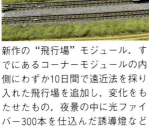

新作の"飛行場"モジュール．すでにあるコーナーモジュールの内側にわずか10日間で遠近法を採り入れた飛行場を追加し，変化をもたせたもの．夜景の中に光ファイバー300本を仕込んだ誘導燈など電飾を効果的に配置した

昨年も好評を博した植竹 保之さんの雪景色コーナーモジュール．緻密な情景に加えてミラーボールを流用した照明装置により降りしきる雪を投影し，高い演出効果を出していた

飽き性モデラー & B作

Scale 1:150
9.0mm

新潟在住の飽き性モデラーさんと愛媛在住のB作さんによる合同出展ブースで2年ぶりの出展．両氏ともSNSで情景作品をエネルギッシュに発信しており，製作中の模様はネットを通じて多くの来場者が知るところだ．

飽き性モデラーさんの信越本線 鯨波─青海川モジュール．日本海をバックに大らかなS字曲線の有名撮影地を再現しており，トンネルは実物さながらにセメントを使用して製作している．架線は艦船模型に使う0.1mmメタルリギングから作った大変な労作である

飽き性モデラーさんは車輌の細密化やウェザリング加工の極限にも挑戦している．3Dプリンターによる自作部品も駆使して，内装や扉開閉といったNゲージの常識を超えた作り込みに定評があり，ファンも多い

SNSで抜群の人気を誇るB作さんの回転寿司桶シリーズの決定版，美作村レイアウト．直径40cmの回る木桶の中に橋梁や踏切を凝縮した真円エンドレスで，国鉄時代の四国の非電化路線の情景を濃密に詰め込んだ

奥利根鉄道倶楽部

Scale 1:150
9.0mm

高校時代の同窓サークルで，上信越のモジュール製作をライフワークとしている．情景の製作・改良を続けながら運転機能の充実に取り組んでおり，一昨年の立体アプローチ線完成に続いて今年はヤード本体が完成に近づいた．スムーズに列車を差し替えられる拠点が整ったことで，観客に喜んでもらえる展示運転に一層磨きが掛かった．

展示運転で列車をスムーズに入れ替えるために念願だった本格ヤード．3,640×630mmの特大サイズで，アルミフレームとフレキシブルレールで構成し情景付きの本格的なもの．奥の1線は検修庫として車輌基地らしさを演出すると共に，背景画の奥に引き込んで車輌の載せ替えができるようになっている

上牧─水上間の諏訪峡を再現したモジュールは当ブースのハイライト．オランダフラワーを用いた紅葉の樹々，水表現はクリスタルレジンNEOで作り込み，質感を高める改良も続けている

高圧鉄塔と墓地前のモジュールをE655系"和"が往く．地形の起伏を丹念に作り込み，高圧鉄塔を建てることで立体感を与えている

モデラー出展 前編

369MKS

Scale 1:150　9.0mm

15年ほど前に三陸鉄道 堀内(ほりない)駅の風景に惹かれ同駅のモジュールを初製作したのが始まりで，2011年の東日本大震災を経て復興支援を兼ねて旅とモジュール製作を重ねてきたという個人ブース．

今回出展したモジュールは15点に及ぶ．いずれも沿線取材を繰り返して作り上げた思い出が詰まっているが，中には震災で失われ資料探しに苦心したものもあるという．

三陸鉄道リアス線とJR八戸線のジャンクションである久慈駅前を再現したモジュールで，2014年製作．両社の独立駅舎が並び建つこの広場は当作完成直後に改修され，現在は景観が変貌している．期せずして思い出の情景をカタチに残すこととなった

2008年に製作したリアス線 堀内駅モジュール．高台を下りればすぐ太平洋．堀内漁港に面するこの無人駅はNHK連続テレビ小説『あまちゃん』に登場した主人公の最寄り駅"袖が浜"駅のロケ地として有名で，三陸鉄道を象徴する情景の一つである

リアス線 盛—陸前赤崎間で岩手開発鉄道赤崎線を乗り越す地点を再現したモジュール．大船渡港に注ぐ盛川の河口に位置しており，共に戦後建設された路線であるため近代的な造りが印象的である

結伝杜(ゆいでんしゃ)

Scale 1:150・1:160　9.0mm

日本形から外国形まで幅広いジャンルを愛好し，まだ製品化されていない最新車輌をいち早く製作することにも積極的な結伝杜．早くからモジュールレイアウトとDCCを融合させて高度な多列車運転を楽しんでおり，非接触IDタグを用いた列車識別など斬新な機材を次々に開発してデジタル制御の可能性を追求し続けている．

車輌工作・レイアウト製作・電子工作と3つの要素すべてが最先端を行くサークルで，その技術力を生かした数々の演出はモデラーの間でも常に注目の的だ．

橋本 孔明さんはオーストリア～ポーランドを走るEuro City編成を，2019年に実際に乗車した編成通りにフルスクラッチ．機関車（チェコ鉄道380形）の車体と客車（チェコ鉄道・ポーランド鉄道）の屋根・床下は3Dプリント，客車側板はエッチング板，標記類は自作デカールと力の入った作品である

山口 進一さん作，レーティッシュ鉄道が長距離列車向けに導入した"AGZ"型客車編成．"Alvra"の愛称があり，KATO製の氷河急行用パノラマ客車をベースに，側面は印刷，前頭部は"アレグラ"のものを切り継いでいる

チームおやびん

Scale 1:80
16.5mm・13.0mm

世代を超えたペーパーモデラーが集うチームおやびん．毎年，このJAM出展に向けて競作テーマを設定し，各自が思い思いの車種や技法で新作を作って披露している．

2024年のテーマは"多段サッシ窓の段差をペーパーで表現しよう"．紙を切り抜いて貼り合わせ，接着剤や樹脂で固めて車体を作り上げるペーパーモデリングの中でも，多段窓の再現は特に正確な基礎工作力が求められる難しい課題である．とても紙から作ったとは思えない線のしっかり出た新作がこれほどの勢いで生まれるのは，技を高め合うメンバーの交流の深さの賜物であろう．

戦後の通勤電車で多く用いられた多段サッシだが，戦災復旧車オハユニ71，教習車クヤ165，箱根登山モニ1など事業用車にも採用例が多い．意表を突く題材を選んで仲間を驚かせるのも，こうした競作の醍醐味である

『とれいん』誌の人気企画，紙成模型塾2024年4・5月号で国鉄105系の講師を務めた天野 裕之さん．二段のユニットサッシをいかにシャープに再現するか．長年のノウハウをもとに誰もが作りやすい完成度の高い型紙を設計し，自らの作例を発表した

山陽3000系，富山地鉄10030系，JR東日本八王子支社訓練用105系，国鉄福塩線105系，いずれも側窓が二段サッシで，紙を正確に切り出し重ね合わせることで窓枠のシャープな段差を表現している

国鉄50系客車，京阪神快速113系12輛，武蔵野線103系，奈良線103系，七尾線413系……　長い編成ものも卓越した工作力で新作を生み出し続けるバイタリティは圧巻だ．カッターで一辺ずつ手仕事を繰り返して窓抜きした伝統的なモデルもあれば，CADやレーザーカット型紙といった新しい技術を駆使した作品もあり，ペーパー工作は柔軟で奥が深い

モデラー出展 前編

架空鉄道組合（仮）

Scale 1:150
9.0mm

"多摩温泉電鉄"を出展してきた大石 晃さんを中心に，実在しない架空の車輌や情景を創作するフリーランス好きのモデラー10名が集まって共同出展．直流2線式で4列車自動運転が行える独自の制御システムなど技術面でも見応えのある内容だったが，今回は新メンバーの作品を中心に紹介しよう．

歩くインバータさんの架空鉄道"土宮電気鉄道"は路線長66kmの中私鉄という設定で，好ましい雰囲気の製品を見つけては改造や塗り替えを施し，土宮電鉄の車輌として就役させている

よーりさんは東武1720系DRCの前面をチビ凸やLRTなど，思い付く車輌なら何にでも接合してDRCワールドを創り上げた．独特のモチーフを生かした創作センスが絶妙で楽しい

100円ショップSeriaで販売中のファブリックボード（240×240mm）を基台に情景を作り込む"1坪100円レイアウト"の作品群．アイデア次第で坪庭のような凝縮美をもたせることができる

HTL-INVERTER

Scale 1:150
9.0mm

JR貨物最初のVVVFインバーター制御電気機関車EF200形に魅せられ，Nゲージで試作901号機を含む全22輌を作り揃えたという三ヶ田 勇樹さんの個人出展である．

一機一機の違いを逃すことなく調べ上げ，KATO製EF200をディテール加工．特に901号機は4度にわたり納得いくまで作り直して完成させたという自信作で，JAMに初めて出展する動機になったという．

2013年から実車が引退する2019年まで徹底追跡を繰り返した記録活動の集大成であり，EF200形に対する深い思い入れは機関車好きの共感を呼んでいた．

実車と同輌数，新塗色となった晩年の仕様を中心に全22輌が勢ぞろい．よく見ないと番号以外に違いがわかりにくい機体もあるが，すべて微妙にディテールが異なっており完全に作り分けられている

JR黎明期に相次いで製作されたEF500・EF200等の試作機たち．特に最下段のEF200-901は量産機とは異なる屋根高さや乗務員扉といった差異を最新の3D成型パーツを駆使して何度も作り直し，ついに納得いく仕上がりを手に入れた

59

13ミリゲージャーの集い

Scale 1:80
13.0mm

13ミリゲージ同好会，湘南鉄道模型クラブの2団体に数名の個人モデラーが加わった1:80/13mmゲージモデラーの18名の集まり．ゆったりとした円弧を描く越後 要介さんが製作した木組の堂々たる大形レイアウトと，狭軌のプロポーションにこだわったメンバーの車輛作品が抜群の存在感を放つ．

実物の軌間1,067mmが生むスケール感に魅せられて模型誌で活躍してきたベテランが揃っており，誌面で憧れた作品を直接見られるのもJAMの大きな魅力だ．

私鉄特急の華，小田急歴代ロマンスカー．SE・NSE・SSEは多摩川泉さんの作品，奥のVSEは森岡仁志さんがトミックス製品を13mmゲージに改造したもの

おなじみ湘南鉄道模型クラブの越後 要介さんが製作した13mmゲージの大レイアウト．今年のテーマ"特急"に合わせて，国鉄/JRの電車・ディーゼル特急や私鉄のロマンスカーが縦横無尽に走り回った

マイクロエース103系キット 共作を楽しもう

Scale 1:80
16.5mm・13.0mm

かつて1:80スケールの手頃な鉄道プラモデルとして模型店の定番商品だったアリイ（現マイクロエース）の国鉄103系が復刻発売され，思い出を共有する9名のモデラーが自分好みの作品に仕立てるべく共作を企画した．

アリイの鉄道プラモデルは1970年代から機関車やブルートレイン，L特急など多くの車種がディスプレイモデルとして製品化され，価格の安さもあってこれを16番の入門と懐かしむモデラーは意外に多い．

模型少年の童心に返って，懐かしのプラモデルを磨き上げた大人のテクニックで美しく仕上げる．これは素敵な夢の追体験だ．

製品は高運転台車がプロトタイプだが，作者の好みに応じて低運転台，混色編成，戸袋窓を埋めた西日本タイプから相鉄2100系まで個性溢れる顔ぶれに．走行可能にするための動力のチョイスや，旧いプラモデル特有の大らかなモールドをどう処理したかにもモデラーそれぞれの技巧が光る

モデラー出展 前編

激団さんぽーる

Scale 1:80・1:150
16.5㎜・9.0㎜

インターネット上の掲示板での交流から結成されたサークル．実景をそのまま縮小したかのような写実的な質感を追求する"情景師"の集まりで，各自が製作したモジュールを連結してブースを構成している．

地面・植栽・構造物を緻密に作り込むクオリティーには定評があるが，架空の自由形車輛を創作するメンバーも多く，豊かな表現力は模型誌でもおなじみの実力派揃い．彼らの作品を生で見るためにJAMに通うファンでブースは毎年大賑わいだ．

レールだらけの自由形，香生洲電鉄を主宰するうしぷーさんの新作"ここは開かずの踏切♪"．このサイズに複線エンドレスと大屋根のあるターミナル駅を凝縮し，7本の線路を跨ぐ開かずの踏切を主役に据える．風景も車輛も自ら創作したフリーランスで，楽しい世界観が貫かれている【N】

京急押入線さんの京急1500形は機芸出版社のTMSコンペ2023で入選に輝いた話題作．新たに3Dプリンターで道路を跨ぐ築堤モジュールを製作し，撮影台として共演させた．京急本線でよく見掛けるプレートガーダー橋で，構想からわずか10日で完成【16番】

大久保 友則さん作，野美杉機関区（旧新野間頭機関区）．A3サイズの小規模モジュールで，架線を張り，地面の質感を突き詰め撮影舞台としても万全の仕上がりだ【N】

Sound Rail Park

Scale 1:87・1:80
16.5㎜

DCCによるギミックをテーマとした出展．ブースでは体験運転用の1線を除いてすべての列車がDCCで制御され，出展名にもあるサウンドをはじめ灯火類，発煙装置などの多彩なギミックが披露された．

走行・展示されたモデルには搭載ギミックなどの仕様を記した解説カードが添えられ，外観や走行だけにとどまらない鉄道模型の楽しみがアピールされた．

今年のJAMテーマ"特急"に則り，電飾を完備した特急車が華やかに駆け巡る．車輛のギミック主体でシーナリーはないものの，豪華な車輛ラインナップと音・光の演出で賑やかな雰囲気を振りまいていた

ドイツ連邦鉄道 78形（ESU製）．サウンド以外にも発煙装置や焚口の光，自動連結・解放などの演出機構が搭載された盛りだくさんな一輛

平井鉄道 with わり

Scale 1:150
9.0mmほか

YouTubeでの活動をきっかけに知り合ったという，平井 正士さん・わりさんによる合同出展．Nゲージが主体で，平井さんは地下線を持つユニークな4分割エンドレスレイアウト，わりさんは実景モチーフのモジュールやJAMのテーマ"特急"にちなんだ車輌の展示を行なった．普段はWEBでの発表をベースにしているお二人だけに，視聴者にとっては作品を実見し，作者と直接交流できるまたとない機会となったことだろう．

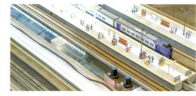

平井さんの新作4分割式レイアウト．地上・地下に複線エンドレスを配した4線構造で，地上駅付近の2線は地下線に繋がっており，地下ホーム天蓋にはアクリル板を被せシースルーとしてある．トンネル内には各所に定点カメラが設置され走行映像を楽しめる

1:32スケールのEF66．平井さんがアシェットのパートワーク『ブルートレイン3車両をつくる』を一部加工のうえ組み上げたもので，他にオハネフ25・オシ24も展示していた【O】

わりさんが展示した古今東西のNゲージ特急車輌と，JR中央線 市ヶ谷～飯田橋間モジュール【N】．レイアウトは組立式線路で手軽さがモットーだ

岩倉高等学校 鉄道模型部

Scale 1:150
9.0mm

120年余りの歴史を誇り，鉄道業界への登竜門として知られる岩倉高校．部活動では鉄道研究部・鉄道模型部が各々独立して存在しており，鉄道模型部は全国高等学校鉄道模型コンテストでも指折りの強豪校だ．

今年のJAMのテーマ"特急"にちなみ，部員自慢のコレクションを一堂にディスプレイ

路面電車王国，広島電鉄をモチーフとした1畳レイアウト"広島展望台"．オープンまもない新しい広電宮島口駅舎や広島湾に浮かぶ牡蠣の養殖筏など2022年の夏合宿の思い出を凝縮し，丹念に作り込んでいる

国産低床連節車"グリーンムーバー LEX・MAX"や個性豊かな単行車が行き交う市中心部．原爆ドームは3Dプリントを活用して製作し，2023年の全国高等学校鉄道模型コンテストでは1畳レイアウト部門最優秀賞を受賞した

モデラー出展 前編

日本大学第三中学校・高等学校 鉄道研究部
Scale 1:150　9.0㎜

緑豊かな東京都町田市にある私立校の鉄道研究部で，1983年の同好会発足から41年の歴史を誇る．中学1年生から高校3年生までの学生が一緒に部活動を楽しみ，部員みんなでレイアウトを製作．さまざまな鉄道模型イベントにも精力的に出展している．

今年のJAMテーマに合わせ部室の蔵書を部員みんなで読んで研究．"特急列車の景色"と題したモジュールを製作した．都市から観光地へ駆け抜けてゆく美しさ，時代と共に移り変わる景色に思いを込めている．芝桜の花文字はもちろん"日大三 鉄研"とアピール

私鉄特急や東北新幹線のコレクション展示

新幹線走らせ隊
Scale 1:160　9.0㎜

数百輌に及ぶ新幹線・高速列車のコレクションを一堂に展開するNゲージャーの集まりで2年連続出展．今回は外側本線の曲線半径を912㎜から1,299㎜へと大径化し，新幹線が駆け抜けるにふさわしいゆったりとしたレイアウトにパワーアップした．

フル編成で揃えた新幹線コレクション

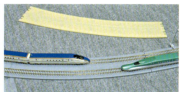

市販品にはない大半径のカント付き曲線道床．ネットで個人頒布されているのが目に留まり，早速使用してみたという

ワイヤレス式鉄道模型
Scale 1:80　16.5㎜

制御系をテーマとした出展はしばしば見られるが，本ブースはゲームコントローラーとBluetooth搭載のマイコンを利用し，車載カメラと合わせて"ゲーム感覚"で鉄道模型の運転を楽しむというコンセプトが特色．一部には走行用バッテリーを内蔵してレールからの給電さえ不要とした車輌もあり，独自の角度から運転の自由度アップに取り組む様子が印象深かった．

コントローラーはPlaystation 3のものを利用し，車輌側の基板とペアリングするため各車個別に用意．車輌の性格に応じてボタンの機能割り当てにも違いがある．ワイヤレスのため歩きながら任意の立ち位置からでも操縦できる

左スティックで加減速を行ない，他のボタンに音響や照明機能を割り当て．モニターを見ながら運転を楽しむことも可能

RFC (Railway Fan Club)
Scale 1:80・1:150　16.5㎜・9.0㎜

長年DCCをベースに，実物さながらの高度なダイヤ運転を実現させてきたRFC．2019年から開発を続けてきた新制御システム"山手線ゲーム"に加え，会場ビッグサイトへの足でもあるりんかい線のダイヤ運転をフィーチャーした"TWR2024"を出展した．観客も運転士として参加可能で，メンバーによる運行管理と一体になってダイヤ運転を体験することができた．

自動進路制御PRCは，在線している車輌に進路情報を記憶させ，それに基づき地上側でポイントや信号を切り替える完全なコンピュータ制御に進化した

運転時刻表アプリケーションTRViSのダイヤデータをタブレット端末や表示器に配信

Pacific Express

Scale 1:45・1:48・1:80・1:87
32mm・16.5mmほか

1963年に『模型と工作』誌増刊で発表された自由形電車"東京電鉄デ100型". 多くの模型少年に影響を与えた合葉博治さんの作品で, 貫名 英一さんがオークションで入手し走行可能にレストアした. ラッカー刷毛塗りペイントはオリジナルで, 作者の高い工作技術が窺える【O】

1900年代前半に隆盛を極めたアメリカのインターアーバン（都市間電気鉄道）好きの集まり. 昨年まで"インターアーバン・ワールド"の名で出展していたが, メンバーの関心が多様化してきたのを受けて, 今年は太平洋両岸の日米列車競演に切り替えた. 見応えのある一級作品やモデラー垂涎の歴史的コレクションが格別の存在感を放つ.

郷原さんは中古で日米のHO・16番も楽しむ. 気軽に走らせる上では一昔前の製品もまだまだ現役であることをアピール

ずらりと並んだ本場アメリカン・インターアーバンの車輛. 製作は亀谷 秀樹さん, 郷原 渉さん【O】

亀谷さんが所有する京浜電気鉄道1号形・41号形. 横浜の老舗店で長く展示されていた品で, 日本版インターアーバンともいえる車輛だけにブースの雰囲気にとても調和していた【O】

HOスケール日本型を楽しもう（HOJC）

Scale 1:87
12.0mm・9.0mm・6.5mmほか

竹内 晋作さんの"幌別炭鉱鉄道". 1960年代の北海道をモチーフとし, 単線エンドレスに機関庫・ホッパーを持つ駅構内を中心に, のびのびと情感豊かなシーナリーが作り込まれている【12mm】

1998年に発足, 1:87のHOスケールを共通言語として広く会員を擁するHOJC. 16.5mmから6.5mmまでさまざまな軌間のHOスケールモデルが共存し, その走行を担う線路回りや制御系にも意が払われている. 今年話題をさらったのは, TMSレイアウトコンペ入選に輝いた竹内 晋作さんの"幌別炭鉱鉄道". JAMへの出展は今回限りということで, 多くの来場者が足を止めて見入っていた.

牛越 憲治さんの485系. デアゴスティーニ『鉄道車輛 金属モデルコレクション』でクハ481がモデル化されたことから, 中間車をペーパー自作して編成に仕立てた作品だ【12mm】

16.5mmの"高辻急行電鉄", 12mmの"朱雀鉄道"（いずれも山内 祐さん）の並走風景. 後者は1:87／12mm規格が提唱されて間もない頃に篠原製フレキシブル線路で敷設された歴史あるレイアウトだ

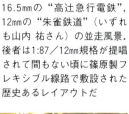

12mm・9mm・6.5mmの3ゲージが同居する"沙流内鉄道"（増原 一衛さん）. DCCによる自動運転が採用されており, 会場でもデモンストレーションが行なわれた

モデラー出展 前編

東京運転クラブ

Scale 1:80 16.5mm

2000年に開催された第1回の国際鉄道模型コンベンションから欠かさず連続出展している東京運転クラブ．16.5mmゲージのクラブの中でも，規模の大きさにおいては一歩抜きん出た存在だ．このスケールでシーナリーが備えられた大規模組立レイアウトはそれだけでも圧巻だが，今回のものは昨年出展時とはまた別物（前回は2019年に出展）というから驚かされる．

走行車輛はJAMのテーマ"特急"に沿って選定．会長の萩原 徹さん自ら「列車は編成美こそが醍醐味」と言い切るだけのことはあり，いずれ劣らぬ迫力の長編成で悠々と周回していた．

広大なヤードに集結した長編成列車はまさに圧巻．国鉄・JRの特急列車を主体に，スターたちがレイアウトを彩った

制御は信頼性の高さでオーソドックスな直流2線式を主体としているが，会員の嗜好も反映して1線のみはDCCを採り入れている

卓上電鉄

Scale 1:22.5～32・1:80 45mm・16.5mmほか

スケール・ゲージとも多種多様なモデラーの集った合同出展ブース．共通するのはメンバーがいずれ劣らぬエネルギッシュな工作派であることだ．スクラッチをいとわず，むしろそれこそを醍醐味として趣味を楽しむ姿勢からは，模型工作を志す者なら誰しも刺激を受けずにはいられない．大スケールの作品が目立つのも印象的だ．

1番ゲージのペーパースクラッチで知られる高橋 亮介さん．昨年のペンシルバニア鉄道GG1に続き，同鉄道の2車体電機DD1がお披露目された．リベット打ちの武骨な車体は木工用ボンドの点付けで表現．足廻りも床上に設置したモーターからロッド連動という本格的な造りである

荻村 佳男さんが自作した運転台形コントローラー．筐体はアルミ，マスコンは真鍮自作，ブレーキは市販のペットボトル用キャップオープナーを利用

倉 猛さんは昨年16.5mmゲージで5,000Rの大径カーブを自作披露したが，今年はHOユニトラックの大径カーブも活用しつつ展示運転線を増線，より賑やかな展示となった

栗田 泰幸さんのGゲージ庭園鉄道コーナー．昨年は単線でのデモだったが，今回は複線としてスペースも拡張，大スケール模型の魅力がいっそう強調された

Gauge One World

Scale 1:32　45.0mm

惰行可能な駆動装置を備えた3輌一組の自由形車輌"EGG LINER". 車輌の発する電波により後続車が車間距離を検出，駆動力を変化させることで近づいたり離れたりの"追いかけっこ"を自動的に行なう．バッファーも接触時にちゃんと動作するよう作られている

1番ゲージを愉しむ安達 佳津見さんの個人出展．ブラスを主体とした自作車輌群が圧巻で，スタイルの再現にとどまらず実車同様に惰行可能な動力伝達機構など滑らかな走りを得るべく工夫が凝らされている．DCCによる燈火・発煙などのギミックも備えているが，制御信号はBluetoothを活用しており，レールからの給電を排しているのも特徴的だ．

DD51の後継と目されるも試作のみに終わった1基エンジンの強力機DE50．作品はこちらも実機同様の全5軸駆動で，複雑なリンク機構を持つ3軸台車も実物さながらに動作する

DD54．中間1軸台車を備えた特徴的な足廻りをフル稼働で製作（動輪は実機同様の4軸連動），サウンドや発煙機構も備える．複雑な面構成のマスクも雰囲気良くまとめられている

フランス国鉄X5800形気動車．屋上にキャブを配したスタイルと短軸距の台車が特色

蓮田第一機関区

Scale 1:8.4　127mm

各地で活動する5インチライブモデラーが集結した合同ブース．1:8.4スケールの国鉄制式蒸気機関車6輌（＋足廻り機構展示1輌）が一堂に会し，乗用ライブならではの迫力で別格の存在感を放った．

主役の蒸機は38ページからクローズアップでご紹介しているので，ここでは客貨車を中心にご覧いただこう．

蒸機と連結して展示されたスハフ42・スユ42形．廣部 義昭さんは3Dプリントで乗客や部品を製作した．フィギュアのうち女性は市販のモデリングデータを活用しているが，男性は作者自身の3Dスキャン．素材の透けを活かして着色した汽車茶瓶も出色の出来

中川 光朗さんがC58での牽引用に用意した2軸貨車．カ3000には牛が積み込まれており，鳴き声を発するギミックも

モデラー出展 前編

M8 (エムハチ)

Scale フリー 9.0mmほか

独創的なミニレイアウトがひしめき合うおもちゃ箱のような空間が，老若男女の関心を惹きつけてやまないM8．諸星 明弘さんのカルチャースクール受講生により結成されたクラブで，諸星流の継承にとどまらずさまざまなテイストの作品が共存している．初出展のメンバーも加わり，ますます旺盛な活動ぶりを感じさせた．

とある海岸線 ●風間 隆志さん
B4判サイズでフレキシブル線路を急角度に曲げて周回スペースを圧縮し，海岸の風景を入れ込んだ

Bトレショーティー用モジュール ●芝田 聡志さん
情景は小田急線南新宿・箱根登山鉄道塔ノ沢をモチーフとし，カメラカーによる前面展望映像も

スカイシティ ●石川 宜明さん
天空の都市をイメージした壁掛け式レイアウトで，建物はプラ・バルサ材から自作し，効果的に電飾を仕込んでいる．第13回浜松ジオラマグランプリにおいて日本ユニバーサルカラー協会賞を受賞した

永遠の鉄路 ●持永 圭一郎さん
線路部分が回転し，逆方向へ進む車輌は同じ位置に留まるという仕掛けを組み込んでいる

Zゲージレイアウト ●芝田 聡志さん
ありそうでなかったZゲージのショーティをロクハン製品を基に創作．池袋鉄道模型芸術祭出展作品

110年前のロンドン市電 ●五百木 康晶さん
一枚の実景写真からイメージを膨らませ，建物のみならず石畳まで風合いを求めてフルスクラッチした

只見線と紅葉 ●鈴木 昭博さん
アーチ橋はプラ材自作．水面には鏡面素材を用いて橋をクリアに映り込ませ，水鏡を演出した

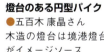

火の見やぐら&ザリガニ釣り ●堀江 美正さん
市販のターンテーブルを利用した回転式パイク

燈台のある円型パイク ●五百木 康晶さん
木造の燈台は境港燈台がイメージソース

城址から ●永田 潤さん
さだまさしの楽曲『案山子』より着想．駅から城跡へ春夏秋冬の景色を盛り込み緻密に作り込んだ

IL PORTO BELLO ●久原 聡さん
イタリアの漁村をモチーフにしている．鮮魚運搬電車は電池駆動で急曲線のループを忙しく行ったり来たり

山岳鉄道壁掛けレイアウト ●石川 宜明さん
奥行きが10cm程度に抑えられている

只見線第一只見川橋梁 ●五百木 康晶さん
M8では珍しい車輌展示用のジオラマ

67

Panda NEKO No.1・mr0123ma・た625 共同チーム

Scale 1:87・1:150
16.5㎜・9.0㎜

和歌山県で鉄道カフェ"スハネフ14-1"を営む原田 武さんが，普段店頭にディスプレイしている約1,200×600mmの固定レイアウト．登攀体験を基に天竜川沿いなど各地の情景がイメージソースになっている．河川敷や山肌には本物の小石も用い，架線がしっかり張られている点にも注目したい

毎年合同出展を行ない，各人の興味に応じたバラエティ豊かな展示を持ち味とするブース．トイ用コントローラーを応用した体験運転，制御システムの自作，外国型をテーマとした車輌工作などは昨年のコンセプトを踏襲していたが，今年は本格的な固定式レイアウトの出展もあり，来場者の注目を集めていた．

藤本 武男さん・下原 務さんの合作で，毎年進化している自動運転システム．線路にギャップを切って閉塞区間を設け，DC方式での2列車交換・自動往復運転を目指している．上は体験運転用コントローラーである

外国形車輌工作を愉しむ平山 公人さん作のイギリス鉄道クラス395 "ジャベリン"（中央）は，ホーンビィ製品を基に前後でフロントマスクのデザインが違う編成を再現したもの【OO】

平山さん所有の世界のNゲージコレクション

TSUKURIBITO

Scale 1:80・1:150
16.5㎜・9.0㎜ほか

SNSを通じて集った工作派モデラーのグループで，JAMには2018年より参加．工作への旺盛なバイタリティはメンバー間に共通するところだが，そのスタイルやスケールに厳格な縛りはなく，JAM出展も各モデラーの成果発表といった趣で十人十色．

田中 謙士さんの営団7000系．GMキットを基にレボリューションファクトリー製コンバージョンキットを用いて組み上げたもの【N】

高橋 響さんはワールド工芸製C62の煙室扉を作り直し開閉化．山形交通モハ1は真鍮スクラッチで，おでこを真鍮板叩き出しで造形している【N】

濱崎 徹也さんの手になる西鉄旧型車群【N】

益子 真治さんのJR九州車輌たち．左から特定日の編成で再現した485系 "かもめ16号"，キハ40・47 "ふたつ星4047"，内装を作り込んだ50系 "SL人吉号"【N】

今回唯一の1:80情景作品であった，三原 芳光さんの阿字ヶ浦駅．駅舎・車輌を含めペーパー自作である

モデラー出展 前編

芝浦工業大学附属中学高等学校 鉄道研究部
Scale 1:80　16.5mm

1922年創立の東京鐵道中学をルーツに持ち，近年は西武403号蒸機・高輪築堤築石の展示を始めるなど鉄道とのゆかりが深い東京都江東区の中高一貫校である．鉄研はJAM常連で16番を主軸に活動しており，今年は中国・四国地方がテーマ．

ストラクチャーは部員によるペーパー自作．上は屋上観覧車を持つ伊予鉄道松山市駅．レイアウトは片面ずつ中国・四国地方に分けられ，瀬戸大橋で連結される構成だ

Formosa Rail Club（台湾鉄道）
Scale 1:150　9.0mm

台湾形に特化したクラブ．多彩な台湾形車輌とともに，現地情景を再現したエキゾチックなモジュールレイアウトも持ち味である．今回の出展では新作として"台湾で最も美しい駅"と謳われた多良駅のモジュールが登場した．

山下 崇之さん作の多良駅モジュール．駅跡が台鉄南廻線に所在し，太平洋を間近に望むロケーションで人気が高い【N】

昨年に続き出展された有名撮影地，三貂嶺駅付近を再現したモジュール【N】（柴崎 武司さん・山下 崇之さん）

うみ電☆やま電
Scale 1:150　9.0mm

地元神奈川県の江ノ電と箱根登山鉄道にテーマを絞り，こだわり抜いた情景作品に定評ある"うみ電☆やま電"．近年は箱根登山に注力しており，情景製作とともに電子制御によるプログラム運転も実施している．今回の出展では，レイアウトの拡張に伴い煩雑化した配線を整理すべく制御系統のリニューアルが図られた．

新たな制御システムを組み込み整備中の小涌谷・強羅駅モジュール．マイコン搭載のDCC基板をレイアウトに組み込み，配線を極力各モジュール内で完結させ，トラブル箇所の割り出しも容易にしている．青色の基板"MagicBox ver2"はDCC→アナログDCの変換を担っており，走行する車輌自体はDC仕様である．

ポッポ屋
Scale 1:150　9.0mm

東京の街並みを陶芸で再現した細川 直紀さんの作品"東京の街"．通っていた陶芸教室で勧められ，焼き物で東京の建物を作っていたためそれを活用して山手線1周の風景を1984〜89年頃のイメージで製作している．

今回は5年ぶりの出展だが，土台を新調しフェイクモスなどでコンクリートや公園を再現し，都会ながらどこか温かみのある雰囲気となっている

ヨ

Scale 1:150
9.0mm

神奈川・東京西部で活動するshonan Fライン鉄道模型クラブ・相模鉄道模型愛好会・でんきちくらぶの3クラブが車掌車を意味する形式称号"ヨ"を名乗る連合チームを結成．普段からモジュールクラブ互助会のような形で連携して活動しており，JAMへの出展経験も豊富な実力派が揃っている．

でんきちくらぶより出展の"中仙道線／樽野谷駅"は15輌編成対応，全長2,800mm（4分割式）に及ぶ分岐駅モジュール．奥行きに余裕を持たせ，駅前風景まで作り込むことでグッと実在感が増している

外周でアイキャッチとなっていた渓谷風景は，寂れたかつての観光地のイメージでまとめられた中田 健太さんの"岩上渓谷"

"なんちゃって犬山橋"（平松さん）．併用橋時代の名鉄犬山橋がモチーフで，作品名とは裏腹に一目でそれと判る作り込み

でんきちくらぶより出展の"昭和の地鉄始発駅／善光寺駅"．ノスタルジックな2面3線の頭端駅で，収納を考慮した10分割式となっている．密度高くまとまった情景が来場者の目を惹いた

自由奔放線

Scale 1:80〜1:150
16.5mm・9.0mmほか

旧"自由環状線・まぼろしライン"を源流とし，昨年より本名称で参加．観葉植物やインテリア雑貨でドレスアップされた16番エリア，精緻なモジュールレイアウト主体のNゲージエリアを二本柱とするが，必ずしも特定のコンセプトには拘泥せず，メンバー個々の趣味嗜好を尊重している．

西村 潤一郎さん製作の蒸気機関車庫モジュール．扇形庫とガントリークレーンを備え，車輌一輌一輌まで統一された円熟の工作力が光る【N】

立川 理恵さんがコーディネートした16番レイアウト．昨年とはまた異なり白を基調としたシックなイメージ

原田 宏さんの新作はアニメ『終末トレインどこへいく？』登場の西武2000系．GM製品改造で，劇中での正確な描写に倣って床下機器並べ替えまで行った【N】

鈴木 隆司さんが製作，今後順次拡張・シーナリー追加を進めていくという機関区モジュール．現在完成しているストラクチャーはスクラッチで，屋根や壁面は着脱可能な構造となっている【16番】

Narrow Gauge Junction

モデラー出展 前編

Scale 1:48・1:80・1:87
16.5㎜・10.5㎜・9.0㎜

ナローゲージという共通項のもとハイレベルな作り手が集結し，見るほどにひき込まれるクオリティの高さが身上．特に情景づくりに関しては模型誌各誌で活躍する第一人者が揃っており，その卓抜した技巧は観賞するモデラーを魅了してやまない．

須々木 裕太さんはデンバー＆リオグランデウェスタン鉄道のチャーマ風セクションを製作した．石炭や鉱石輸送を担った狭軌の山岳路線で，給水塔や給炭ホッパーを備えた機関庫周辺を再現している．プロトタイプは標高約2,400ｍの高地に位置しており，乾いた気候を反映した情景の作り込みが魅力である【1:87 G＝10.5】

安達 誠さんの新作は"栂森鉄道 林鉄線 小博打沢詰所"．急峻な岩柱を囲んで周回する立体的なパイクに，側線と詰所を加えて変化をもたせている．渓谷に張り付く木橋がどの角度から見ても違った表情を与え，岩肌や地面の彩色術は本物かと見まごう質感だ【1:87 G＝9.0】

小泉 宣夫さん製作の，B3のフラットパネルを組み合わせた"奥岳（おくだけ）線"．実感的に作り込まれたストラクチャーは地表に置いてあるだけで，簡単に外してパネルを分割し，スーツケースに収納して運ぶことができる【1:48 G＝16.5】

鵜飼 健一郎さんのストラクチャー新作群．昨年6月に亡くなったイラストレーター小林 信夫さんを偲び，機芸出版社新刊『小林信夫の模型世界』収録の記事に沿って模型化したものである．【1:80 G＝16.5】

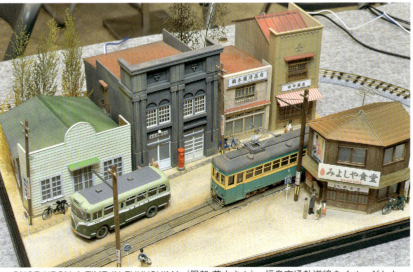

ONCE UPON A TIME IN FUKUSHIMA（服部 英之さん）．福島交通軌道線をイメージしたモジュールの新作で，バスとすれ違うのにも窮する狭い併用軌道を題材に構成した．通り沿いだけをビル風に装飾したモルタル壁の木造店舗や使い込まれたドブ板，軌道敷に敷き詰められた角材など昭和の匂いが凝縮【1:87 G＝9.0】

狭軌の美学 (プロト・サーティーンクラブ)

Scale 1:80
13.0mm

1,067mmゲージならではの狭軌感を追求した，1:80・13mmゲージ愛好者のグループ．参加メンバーは1978年創立の老舗であるプロト・サーティーンクラブを主体とし，確かな技術と経験を持ったベテランモデラーが名を連ねている．

出展車輌はその多くが16.5mmゲージから改軌されたもの．実車の長軸・短軸の違いにまでこだわることができるのはファインスケールならではだ．

メンバーの手塩にかけた13mm車輌群を所狭しとディスプレイ．JAMのテーマに合わせて特急列車・特急牽引機が集合した

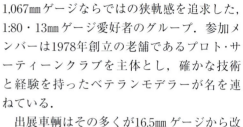

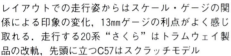

レイアウトでの走行姿からはスケール・ゲージの関係による印象の変化，13mmゲージの利点がよく感じ取れる．走行する20系"さくら"はトラムウェイ製品の改軌，先頭に立つC57はスクラッチモデル

KATO製品改軌のEF65（尾崎 由明さん）．スパイクモデル製改軌パーツの入手難が目下の悩みとか

KATO製品改軌のキハ82"白鳥"二態．橋本 誠さんは登場時の形態とした上で天賞堂の新形パワートラックを搭載．横山 駿一さんは片側のキハ82をクーラー増設車とした

HNモジュール東京クラブ

Scale 1:80・1:87
16.5mm

16.5mmゲージの単線モジュール規格"HNモジュール"愛好者のクラブ．全国に三つあるサークルのうち東京クラブが出展した．観客が見やすい高さとなるよう軌道面が地面から940mmとなるよう脚台付きのモジュールにすることが規定されており，エンドレスにはせず単線を往復．直流2線式もしくはDCCによる自動運転を得意としている．

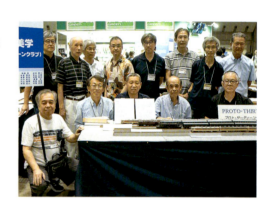

架空鉄道Canyon Railroadを製作する，てつも道さんの新作．大渓谷を鉄道が跨いで走ったら素晴らしいとの思いをカタチにした．谷の深さは900mm近くあり，脚台を付けなくてはならないHNモジュールの規格を逆手に取ってダイナミックな地形にまとめ上げた

土屋 宏幸さんはキャベツ畑のあるモジュールを製作．現在銚子電鉄の車輌作品を作っており，それに似合う情景として同電鉄の笠上黒生駅—西海鹿島駅間を参考にまとめ上げた

高田 宜裕さん作の転車台モジュール．16番でC62を載せられる転車台製品がないため自作を敢行し，全自動制御で動作はスムーズ．検出センサーを搭載してオーバーランを防止する機能も実装している．作品寸法400×500mm

モデラー出展 前編

North American Model Railroad Club (NAMRAC)

Scale 1:87　16.5mm

重厚長大な貨物列車が物流の主軸を担うアメリカの鉄道．NAMRACはその豪快さに魅せられ，時代を超えてアメリカ文化の雰囲気・魅力にハマったモデラーが活動するアメリカ形好きの集まりだ．購入して走らせるだけにとどまらず，手を動かそう，いじり倒そう，という工作派が基本スタンス．

今年はJAMのテーマ"特急列車"に合わせ，航空機や自動車が発達する前の旅客輸送華やかなりし頃の大陸横断鉄道の花形，流線形展望車の特集展示を行った．

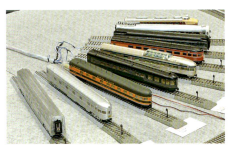

メトロライナーやサザンパシフィックMT-4，海上コンテナを二段積みした現代の貨物列車と，今昔の列車たちが時代を超えて行き交う．メンバーの中には毎年アメリカに調査撮影に通う猛者もいるという

1930～60年代の大陸横断鉄道を駆け抜けた各社自慢の豪華特急たち．サンタ・フェ鉄道スーパーチーフ，グレートノーザン鉄道エンパイアビルダー，ニューヨークセントラル鉄道20世紀特急など個性豊かな豪華列車が覇を競っていた

MOMO鉄道模型クラブ

Scale 1:80　16.5mm

昨年に続き2回目の出展．天賞堂のサウンドシステムとの出会いをきっかけに五感に染み付いた機関車の音と光を再現しようと，プログラミングで自動制御する独自のシステムを製作して楽しむサークルである．

直流2線式ながら自作の制御回路（PLC）によって加減速や進路切替を全自動で行うことができ，ポイントが多数敷設された3m弱の短いスイッチバック式モジュールを，複数の列車が決められた順序で転線しながら複雑に往来する．

市販車輌に特別な改造を施すことなく自宅の狭いスペースでも16番の走りを観賞できるフレンドリーなシステムだ．

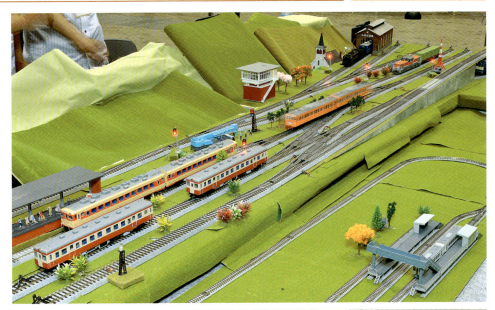

DCC CRAFT CLUB

Scale 1:80・1:150
16.5mm・9.0mm

デジタル信号を用いて同一線路上で複数の列車を個別に制御でき，音響・照明演出も可能なDCC（Digital Command Control）を愛好する3団体が中心となっての合同出展ブースである．

無人でもプログラム通りに列車やポイントを制御する自動運転システムは，3日間の長丁場となるJAMでは出展者の負担軽減にも有用で，こうした技術展示にも熱い注目が集まっていた．

フジガヤ2さんは，パソコンとコマンドステーションのDSair2を使った自動運転を披露した．車輌は鉄道玩具の足廻りを3Dプリントで自作した16.5mmゲージに改装したショーティ．R310〜R130という急曲線線路も3Dプリントで製作したオリジナルである．狭いスペースに行き止まりや平面交差を配し，信号機と光センサーを駆使して巧妙に自動制御を行う

STRVさんは超小形DCCコマンドステーションや，配線なしで自動運転できる無線通過検知センサー付き線路，HOユニトラック線路を地面から25mm嵩上げできるハメ込み式の脚台"ちょい脚"といったお座敷レイアウトを気軽に楽しむためのアイテムを開発

サークル"MT40"が独自開発したコマンドステーション．位置検出装置などを組み合わせ，コンピュータを使わずに人が介入することもできる高度な自動運転システムである

紙鐵 九粍會 (かみてつ きゅうみりかい)

Scale 1:150
9.0mm

凸川警部さんは張殻構造の5000系を製作．フルスクラッチのため前面の製作には難渋し，窓を抜いてから各所に切込みを入れて造形吟味を繰り返したという．車体裾に付けられた丸みも曲げ癖をしっかり付けてからエポキシ接着剤で固めるなど，テクニックを総動員してまとめ上げた

紙と定規とカッターを使って車輌や建物を作ることに特化したサークルである．ペーパー工作といえばHO以上の大きなスケールで行うのが主流だが，あえて小さなNゲージでケント紙から自分だけの模型を作ることに挑戦し，ブースでは実演を行ってペーパー工作の醍醐味をアピールしていた．

3年目の出展となる今回の競作テーマは"東急電鉄"である．

こちらも凸川警部さんによるコルゲートを全身に纏うステンレスカー6000系．コルゲートの凹凸は0.4mm幅のマスキングテープで再現している．随所にデフォルメを施したものの，窓サッシのシャープ感や前頭形状の作り込みも的確で好バランスの作品にまとまっている

はたの まさよしさんは自身初の路面電車作品となる世田谷線のデハ80形を製作した．とてもコンパクトでスリムで難しかったが，江ノ電でも使われた車輌なので知名度もあり，丸みと窓サッシのシャープさの両立に特に気を遣った

ブースに建つ巨大な東京タワーもNスケールでペーパーフルスクラッチした作品である

モデラー出展 前編

オカ・ジョーキーズ

Scale 1:80・1:150
16.5㎜・9.0㎜

初出展．10代から30代までの古今東西の"汽車好き"の若手モデラー12人が結集したサークルである．明治時代の蒸気機関車の俗称"陸蒸気(おかじょうき)"に由来しており，その名の通り戦前以前の古典蒸気機関車を主役とする車輛・情景づくりをフィールドに活動している．

狩猟や山焼き……，戦前東北の農村をイメージした七日町 泉さんのモジュールレイアウト"小春日和"を，中村精密製をベースに配管やフロントデッキにディテールアップを施したD50が駆け抜ける【N】

河合 輝彦さん製作のモジュールレイアウト"鹿島参宮鉄道 八木蒔駅"を，古典蒸機9700形（日本鉄道Bt4/6）が牽く石炭貨車が通過する．車輛はいずれも精緻に設計された3Dプリント品を仕上げたもので，細部まで考証して作り込んでいる【N】

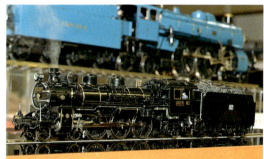

戦前の東海道を疾駆した伝説の超特急"燕"牽引機C51形を製作したのは一式 陸攻さん．天賞堂製完成品にサウンドや加湿器パーツを利用した発煙装置を組み込み，音と煙の演出を可能にしている【16番】

やすきちとスギちゃん

Scale 1:150
9.0㎜

昨年"アキバ4線軌条"名で出展していた，やすきちさん・杉戸機関区さんを中心に7人のモデラーによる共同ブースである．普段からネット上で積極的に製作の模様をアップして交流しており，工作水準も高い．

16番は畳風カーペットを敷いて自宅でのお座敷レイアウト感を演出．こたつの中をトンネルが貫通し，ビールと鍋に舌鼓を打ちながら鉄道模型を楽しむシーンを再現した

6輛編成の東武特急をどこまで小さいスペースで走らせられるかに挑戦したパパ鉄さんの710×500mmの小形レイアウト．駅を配さず，川と杉木立の中を往く日光市に入ってからの情景を凝縮した【N】

イベントにも気軽に運んで出展しやすい600×300mmサイズの"みんなでモジュール運転会"規格（みんモジュ）．杉戸機関区さんは一つの山を途中で分割した2連のモジュールを製作しており，電化本線を主役にデッキガーター橋で立体交差する非電化単線や複線化で付け替えられた旧線跡を配して変化を付けている【N】

鉄道模型競技会 2024

JAM恒例の鉄道模型を性能面から競う「鉄道模型競技会」．今年は8月16日・17日の2日間にわたり行われた．

鉄道模型競技会は「スピードコンテスト」「牽引力コンテスト」「登坂力コンテスト」「低速コンテスト」の4つのカテゴリーがある．あわせて今年はオリンピック同様に4年に1回行われる世界記録に挑戦する特別なイベントも行われた．

ディテールアップやコレクション中心に鉄道模型を楽しむ愛好者が多い中，「鉄道模型競技会」は模型の持つ走行性能について究極を示す良い指標となっており，新たな素材や技法を試す場でもある．また，その凄さを実際に会場で体感できることは，とても貴重な機会だ．まだまだ実際に競技に出て，鉄道模型の可能性を体験されている方が少ないと感じる．ぜひ，この分野にトライしていただきたい．審査員は伊藤 正光さん，司会は伊藤 桃さん，赤城 隼人さんが担当した．

High speed

● スピードコンテスト ●

鉄道模型におけるスピードの限界に挑む．全長50mの直線線路をフルスロットルで走行し，測定区間での通過最高速度を競う競技．

● 牽引力コンテスト ●

鉄道模型の力自慢「牽引力コンテスト」は，控車を介して牽引力を競う競技で，パワーと重量を目一杯かけ，力の強い車輌が勝負を制す．

Traction power

Climbing power

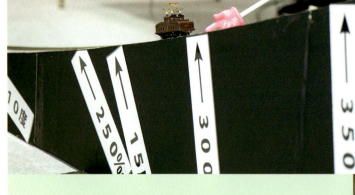

● 登坂力コンテスト ●

最大角度25度を超える急勾配をどこまでよじ登れるかを競う競技．

Slow speed

● 低速コンテスト ●

3cmの計測区間をゆっくり走行する時間を競う競技で，最も"スローが効く"車輌が優勝となる．

High speed

スピードコンテスト 自由形部門

優勝 江川 芳章
― 自由形部門 ―

「宮崎リニア実験線MLU001
（1両時代）」号

4171.27km/h

● 競技要項 ●

- 全長50mの16.5mmの線路を走行させ，25m地点の計測区間の通過速度を時速で表示して一番速い車輌が優勝（1/87スケールスピードも同時に表示）
- 部門別に優勝車輌を表彰
- フィーダーは電圧降下防止のため3箇所設置
- 最大電圧は12V，電流は5A
- 線路はNMRA規格に則ったHO線路を使用
- コントローラー操作は参加者本人が行う
- 中間車のみでの参加は自由型部門に入り，車輌限界内であること
- 出走順はエントリーシートをもとに実行委員会で決定
- 1人，最大3台までのエントリー
- ショート・電流超過は失格

※車輌の破損については自己責任
　優勝者には名刺判記念プレート，賞金 20,000円を進呈

スピードコンテストでは，自由形部門と実車形部門の2種のクラスで競技が行われている．

自由形部門には6台エントリーがあった．16.5mmゲージ線路上を線路から集電して走行でき，高速に特化した自由な車輌形状を駆使した車輌が計測区間の通過速度を競う．実車形部門は実物と同様のスタイルをしていることが条件となっており，今年は完成品改造から自作車輌まで計4台がエントリーした．

全長50mの直線線路を走行し，計測区間の通過スピードで最高速を競うのがルールだが，通常の環境で50mの直線線路を試走できる状態を作ることが難しく，参加者にとって大きな壁となる．「この会場が出たとこ勝負となる」と，参加者からもやってみないと解らないと苦笑いだったのが印象的だった．

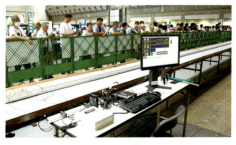

松本 敏明氏の「エアロエクスプレス」は鉄道玩具の車体を利用したオリジナル車輌だが，それ以外の車輌は，空力を考慮した自作ボディが並ぶ．動力については各自がそれぞれに工夫を凝らして設計しており，モーターやギアなどスピードを考慮して部品を選定している．

予定時刻となり，実車形→自由形の順に計測が行われた．自由形の計測1回目は，井門 義博氏の2台がリタイア，松本 敏明氏の「エアロエクスプレス」は2278.81km/h．そして江川 芳章氏の「宮崎リニア実験線MLU001（1両時代）」号が4171.27km/hをたたき出した．この記録は非公式ながら第19回開催（2018年）の世界記録を更新しており，本番の期待が高まる．その後「新幹線911型」が3439.86km/h，「新幹線921型」が2862.36km/hと，江川氏の1・2・3フィニッシュだった．

残念ながら計測2回目に波乱が起きた．1回目に最速だった「宮崎リニア実験線MLU001（1両時代）」に車輌トラブルが発生し，2326.20km/hという記録となってしまったのだ．また2位だった「新幹線911型」も1248.38km/hと失速した．これが連続走行で最高速チャレンジすることの難しさだ．会場からため息が漏れた．

High speed

スピードコンテスト 自由形部門

2位 江川 芳章 ―自由形部門―

「新幹線921型」号
3448.38km/h

しかし江川氏はこの間諦めずに，1回目3位と不調だった「新幹線921型」をじっくり整備し，出走へこぎつけた．1回目2862.36km/hと伸びなかったが，2回目はグングン加速し3448.38km/hと本領発揮し記録を伸ばした．結果として優勝は，計測1回目の「宮崎リニア実験線MLU001（1両時代）」が4171.27km/hとなり，2位が「新幹線921型」の3448.38km/h，3位が「新幹線911型」の3439.86km/h，4位が井門 義博氏の「RS-10」2801.05km/hと続き，江川氏，井門氏の2名が世界記録への挑戦権を獲得した．

3位 江川 芳章 ―自由形部門―

「新幹線911型」号
3439.86km/h

自由形部門 井門 義博
「RS-10」号

集電板は2段とし，4軸イコライザ・スプリングを利かせている

自由形部門 松本 敏明
「エアロエクスプレス」号

8：2前後の比率でバランスを取った

自由形部門 井門 義博
「RS-09」号

スピードコンテスト ―自由形部門―

	出場者	エントリー車輛	ニックネーム	メーカー	1回目記録	2回目記録
優勝	江川 芳章	宮崎リニア実験線 MLU001（1両時代）	びっくりハウス Pure Sprit号	自作	4171.27km/h	2326.20km/h
2位	江川 芳章	新幹線921型	びっくりハウススペシャル 令和ロマン4号（改）	自作	2862.36km/h	3448.38km/h
3位	江川 芳章	新幹線911型	びっくりハウススペシャル 令和ロマン3号（改）	自作	3439.86km/h	1248.33km/h
4位	井門 義博	RS-10		自作	―	2801.05km/h
5位	松本 敏明	エアロエクスプレス	エアロエクスプレス	タカラトミー	2278.81km/h	1773.59km/h
6位	井門 義博	RS-09	青15号	自作	―	リタイア

単位：km/h（1/87スケールスピード）

High speed

スピードコンテスト 実車形部門

エントリーは山岸 隆氏の「ED10」，松本 敏明氏自作の2台「ED57」「キハニ5000」，井門 義博氏の「RS-07シーネンツェッペリン」の合計4台がエントリー．1回の計測で2000km/h以上出たのが松本 敏明氏「キハニ5000」と井門 義博氏の「RS-07シーネンツェッペリン」の2台．2回目の計測ではその記録をのばし，松本 敏明氏「キハニ5000」が2679.21km/hで優勝．2位は井門 義博氏の「RS-07シーネンツェッペリン」で2460.61km/hという記録だった．

優勝 松本 敏明 ─実車形部門─

「キハニ5000」号
2679.21km/h

2位 井門 義博 ─実車形部門─

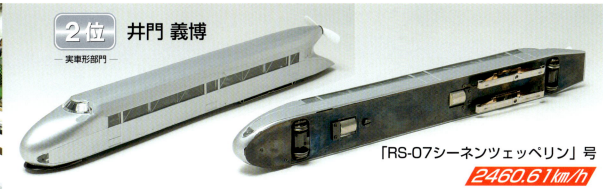

「RS-07シーネンツェッペリン」号
2460.61km/h

3位 松本 敏明 ─実車形部門─

「ED57」号
1624.31km/h

4位 山岸 隆 ─実車形部門─

「ED10」号

この結果，実車形部門では優勝の松本 敏明氏「キハニ5000」が世界記録への挑戦権を獲得した．この段階で1台がリタイヤしており，2500km/h超えの車輌は10台中5台という結果．上位3台は江川 芳章氏の3000km/h超えで，その速さは他の追随を許さず圧倒的であった．

スピードコンテスト ─実車形部門─

	出場者	エントリー車輌	ニックネーム	メーカー	1回目記録	2回目記録
優勝	松本 敏明	キハニ5000		自作	2637.47km/h	2679.21km/h
2位	井門 義博	RS-07 シーネンツェッペリン	シーネンツェッペリン	メルクリン	2296.60km/h	2460.61km/h
3位	松本 敏明	ED57		自作	1390.79km/h	1624.31km/h
4位	山岸 隆	ED10 ディスプレイモデル		ディディエフ	430.21km/h	482.83km/h

単位：km/h（1/87スケールスピード）

世界記録に挑戦!! 韋駄天!スピードコンテスト

世界記録にチャレンジ！

鉄道模型におけるスピードの限界に挑む！

全長50mの直線線路をフルスロットルで走行し，測定区間での通過最高速度を競う競技．対象となるのは16.5㎜ゲージのみ．軽すぎても動力がレールに伝わりづらく，重すぎてもスピードに影響がある．重量をいかに積むかが重要とされ，そのバランスのとり方がダイレクトにスピードへ反映してしまう．機動力・重量のバランスが勝敗を左右する鍵となる．

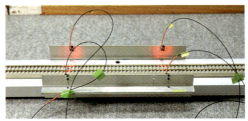

25m地点の計測区間の通過速度を時速で表示．一番速い車輛が優勝となる

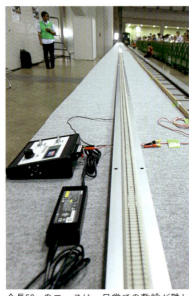

全長50mのコースは，日常での敷設が難しく，参加者を悩ませる

今年は10年を経過した計測機器をフルリニューアルした

High speed

江川 芳章 …………「宮崎リニア実験線MLU001（1両時代）」号

3546.79km/h

挑戦当日に世界記録の公式認定員が立ち会い，その場で審査する．新記録が出れば公式認定証が発行され，世界一がその場で認定される．JAM国際鉄道模型コンベンションではオリンピックと同じく4年ごとに世界記録に挑戦する機会が設けられ，2024年は久しぶりの挑戦の年となった．

ここまでスピードコンテストで高速を出した上位3名が各自1台ずつ世界記録に挑戦する．江川 芳章氏はスピードコンテスト自由形部門1回目で最速記録を出した「宮崎リニア実験線MLU001（1両時代）」を再調整してエントリーすることとなった．そして14時15分，会場のトラックや測定機材などを公式認定員がチェックし，大勢の観客の中でスタートした．

第1走者は松本 敏明氏「キハニ5000」．1回目2629.94km/h，2回目2648.06km/hと実車形部門優勝時にはわずかに及ばず，記録更新とはならなかった．

第2走者は井門 義博氏「RS-10」．こちらも1回目2073.27km/h，2回目2003.83km/hと自由形部門での記録にはわずかに及ばずに終わった．

そして第3走者の江川 芳章氏「宮崎リニア実験線MLU001（1両時代）」．今回，世界記録挑戦者の中でトップの記録4171.27km/hをたたき出していたが，本選では2018年第19回開催時の記録，3899.40km/hにはおよばず，1回目2852.97km/h，2回目3546.79km/hとなり，残念ながら世界新記録達成とはならなかった．

スピードコンテスト自由形部門の第1回目で記録した4171.27km/hは残念ながら公式記録としては認められず，幻の最高速記録となっている．

次回の世界記録への挑戦は4年後の2028年で，それまで記録更新はお預けとなる．鉄道模型の限界へ挑む挑戦者の情熱に，会場からは盛大な拍手が送られた．

スピードコンテスト ― 世界記録に挑戦 ―

出場者	エントリー車輌	ニックネーム	メーカー	1回目記録	2回目記録
江川 芳章	宮崎リニア実験線MLU001（1両時代）	びっくりハウススペシャル Pure Sprit号	自作	2852.97km/h	3546.79km/h
松本 敏明	キハニ5000		自作	2629.94km/h	2648.06km/h
井門 義博	RS-10		自作	2073.27km/h	2003.83km/h

単位：km/h（1/87スケールスピード）

Traction power

力自慢！牽引力コンテスト

特設ステージでは鉄道模型の力自慢「牽引力コンテスト」が行われた．控え車を介して牽引力を競う競技で，パワーと重量を目一杯かけ，力ある車輌が勝負を制す．可能な限りのウェイトを積み，動力性能とのバランスが勝負の鍵となる．対象となるのは，16.5mm，13mm，12mmの3ゲージだが，今年はすべての車輌が16.5mmだった．

蒸機以外の機関車部門

牽引力コンテスト2025年ではレギュレーションの一部改訂が告知されている．今後どのような変更が行われるか注目したい

優勝 尾崎 裕之

「EF71 3」 2194g

連続優勝の記録を伸ばし，尾崎 裕之氏が4年連続優勝となった今回の牽引力コンテストは，最後までもつれた名勝負となった．牽引力コンテストはトーナメント方式で行われ，勝者が決勝へとコマを進めてゆく．

横川 和明氏の2台のEF81（2505gと1973g）は，重い2505gのEF81が準決勝へ，対戦する酒井 英夫氏もEF81で参戦したが，横川 和明氏のEF81が順当に決勝進出となった．対するディフェンディングチャンピオン尾崎 裕之氏のED76 512とEF71 3は，やはり重量が多いEF71 3（2194g）が決勝へ勝ち上がった．

車体は同クラスであるが，EF81（2505g）とEF71 3（2194g）とでは311gの差があり，EF81有利と誰もが思った．勝負は2回勝った方が優勝となる．1回目は重量の多いEF81が先勝．2回目はEF71が勝ち，1勝1敗となる．その後引き分けを挟んで4回目，なんとEF71がかろうじて勝ち抜き逆転勝利を収めた．

重量の大きいほうが有利であるが，それ以外にもモーターや足廻りなどトータルでのバランスも必要であることが証明された．来年のEF81のリベンジが今から楽しみだ．

2位 横川 和明

「EF81形電気機関車」 2505g

「ED76 512」 2071g

「EF81形電気機関車」 1973g

酒井 英夫
「EF81」 603g

蒸気機関車部門

蒸気機関車部門は横川 和明氏の「南満州鉄道パシナ」と松永 美砂男氏の「9600形19626」の一騎打ちとなり，重量840gの「南満州鉄道パシナ」が優勝した．

2位 松永 美砂男

「9600形19626」 380g

優勝 横川 和明

「南満州鉄道パシナ」 840g

牽引力コンテスト ── 蒸機部門 ──

	出場者	エントリー車輌	ゲージ	重さ
優勝	横川 和明	南満州鉄道パシナ	16.5mm	840g
2位	松永 美砂男	9600形「19626」	16.5mm	380g

Climbing power

hill-climbing！
登坂力コンテスト

「登坂力コンテスト」は，最大角度25度を超える急勾配をどこまでよじ登れるかを競う競技．

Maxは30度（577.35‰），各車2回のチャレンジで行われ，一番上まで登った人が優勝．ゴムタイヤや粘着剤は使用できず，何度まで登れたかを審査員が判定する．スロットルさばきと踏面のメンテナンスが鍵となる．鉄のレールと車輪で走る鉄道はもともと登り坂が苦手で，一般的に4％（約2.3度，40‰）の勾配を上限にしている鉄道模型メーカーが多い．

対象となるのは，16.5mm，13mm，12mmの3ゲージで，今回は16.5mm 4台，12mm 1台のエントリーがあった．

優勝は，川崎卓氏の天賞堂製「ED10 1」が14.75度（263.27‰）で，実車ではありえない急勾配の記録となった．

優勝　川崎 卓

「EB10 1」 **14.75°**

EB10は車輪を黒染めして摩擦力を増している

2位　松永 美砂男

「B2010」 **12.1°**

山形 総行

「4110」 **11.1°**

モーターはマシマ163を使用

増原 一衛

「東野鉄道 DC20」 **11.1°**

ミネベアのモーターを使用

松永 美砂男

「60（65）」 **9.7°**

登坂力コンテスト

	出場者	エントリー車輌	メーカー	軌間	1回目記録		2回目記録	
優勝	川崎 卓	EB101	天賞堂	16.5mm	14.75°	263.27‰	14.2°	253.03‰
2位	松永 美砂男	B2010	遠藤TER	16.5mm	11.7°	207.09‰	12.1°	214.38‰
3位	山形 総行	4110	マイクロキャスト ミズノ	16.5mm	11.1°	196.19‰	10.2°	179.92‰
4位	増原 一衛	東野鉄道 DC20	エムテックス	12mm	11.0°	194.38‰	11.1°	196.19‰
5位	松永 美砂男	60（65）	カワイモデル	16.5mm	9.7°	170.93‰	7.4°	129.87‰

Slow speed

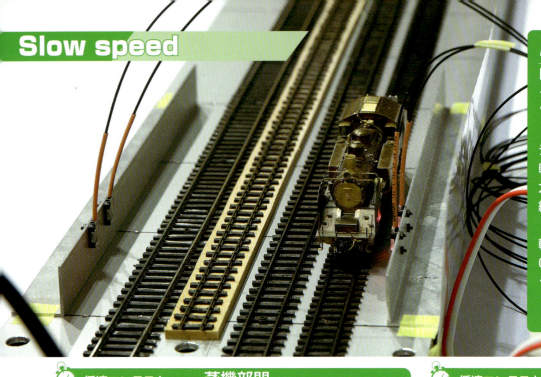

亀亀！低速コンテスト

「低速コンテスト」は，3 cmの計測区間をゆっくり走行する時間を競う競技で，最も"スローが効く"車輌が優勝となる．

ゆっくりとした走行こそ鉄道模型のリアリティが際立つ．低速度域で柔軟な操作や低回転でも滑らかに回るモーターと安定した集電力に加え，駆動損失の少ないメカが必要で，総合力が問われるシビアな競技だ．

今回は蒸機部門10輌と蒸機以外部門15輌がエントリーした．優勝は森井 義博氏のC11三次型で，3 cmを17.15秒で走るという異次元の記録だった．

対象となるのは，16.5 mm，13 mm，12 mm，9 mmの4ゲージである．

低速コンテスト ― 蒸機部門 ―

優勝　森井 義博
「C11三次型」 17.15秒

2位　増原 一衛
「日本国有鉄道9600北海道形」 12.36秒

3位　後藤 秀晃
「C55 20」 8.98秒

谷川 雄介
「ポーターBタンク」

谷川 雄介
「ポーターBタンク」

森井 義博
「C11二次形」

森井 義博
「9600」

谷川 雄介
「木曽ボールドウィン」

後藤 秀晃
「C53 43」

低速コンテスト ― 蒸機部門 ―

	出場者	エントリー車輌	メーカー	軌間	1回目記録	2回目記録
優勝	森井 義博	C11三次型	Models IMON	12 mm	3.32秒	17.15秒
2位	増原 一衛	日本国有鉄道9600北海道形	珊瑚模型	12 mm	7.39秒	12.36秒
3位	後藤 秀晃	C55 20	天賞堂	16.5 mm	4.04秒	8.98秒
4位	谷川 雄介	ポーターBタンク〔亀の子（大亀）〕	バックマン	Oe 16.5 mm	8.87秒	―
5位	谷川 雄介	ポーターBタンク〔亀の子（子亀）〕	ワールド工芸	HOe 9 mm	7.59秒	―
6位	森井 義博	C11二次型	Models IMON	12 mm	2.8秒	5.07秒
7位	森井 義博	9600	Models IMON	12 mm	3.56秒	4.68秒
8位	谷川 雄介	木曽ボールドウィン	Models IMON	HOe 9 mm	0.93秒	1.38秒
9位	後藤 秀晃	C53 43	マイクロエース	9 mm	―	0.98秒
棄権	増原 一衛	日本国有鉄道9600	珊瑚模型	12 mm	―	―

※〔 〕内はニックネーム　　　　　　　　　　　　単位：秒

低速コンテスト ― 蒸機以外部門 ―

優勝　畠山 純一
「SD70Ace BNSF8532」 6.43秒

2位　山形 総行
「キハ40」 5.89秒

3位　畠山 純一
「ED75 700」 4.51秒

畠山 純一
「DD51 800」

馬渡 星也
「DD51」

中込 浩二
「EF58 61お召機」

藤原 康浩
「EF64 1000」

中込 浩二
「マイトラムBLUE」

大杉 雅敏
「EH200量産型」

大杉 雅敏
「EH500初期型」

大杉 雅敏
「EH200初期型」

御厨 潔
「EF50」

鈴木 淳
「EF66 48」

中込 浩二
「富山市内電車環状線（セントラム）9002（銀）」

低速コンテスト ― 蒸機以外部門 ―

	出場者	エントリー車輌	メーカー	軌間	1回目記録	2回目記録
優勝	畠山 純一	SD70Ace BNSF8532	Fox Valley Models	9 mm	6.43秒	5.95秒
2位	山形 総行	キハ40	フェニックス	16.5 mm	3.5秒	5.89秒
3位	畠山 純一	ED75 700	TOMIX	9 mm	4.51秒	―
4位	畠山 純一	DD51 800	KATO	9 mm	3.64秒	4.36秒
5位	馬渡 星也	DD51	KATO	9 mm	2.92秒	4.17秒
6位	中込 浩二	EF58 61 お召機	KATO	9 mm	3.19秒	3.5秒
7位	藤原 康浩	EF64 1000	KATO	9 mm	3.33秒	―
8位	中込 浩二	マイトラムBLUE	KATO	9 mm	3.08秒	1.89秒
9位	大杉 雅敏	EH200量産型	KATO	9 mm	2.43秒	2.63秒
10位	大杉 雅敏	EH500初期型	KATO	9 mm	1.8秒	2.15秒
11位	大杉 雅敏	EH200初期型	KATO	9 mm	1.75秒	―
12位	御厨 潔	EF50	自作	12 mm	1.53秒	0.85秒
13位	鈴木 淳	EF64 48	TOMIX	16.5 mm	1.21秒	1.45秒
14位	中込 浩二	富山市内電車環状線（セントラム）9002（銀）	KATO	9 mm	0.16秒	0.24秒
	田岡 広樹	BOX CAB〔杉山伍號〕	杉山模型	9 mm	リタイア	リタイア

※〔 〕内はニックネーム　　　　　　　　　　　　単位：秒

モデラー出展 後編

TMSレイアウトコンペ受賞作，生駒 淳平さんの"伯備線第2西川橋梁"モジュール．作者は沖縄在住だが，友人から資料写真の提供を受け1年半かけて製作した．トンネルと橋脚は本物のセメントを用い，風雪に耐え抜いた質感を表現．山深い緑と渓流が織りなす自然美が秀逸である．圧巻のテクニックで細部まで解像度の高い仕上がり

インピーやしがに & アトリエトレイン（アトリエMORIJI）

Scale 1:150 9.0mm

『鉄道模型趣味（TMS）』誌のレイアウトコンペで一躍脚光を浴びた情景派モデラーが合同ブースを出展した．

同誌2024年10月号の表紙を飾った生駒 淳平さん（インピーやしがに）の伯備線第2西川橋梁は「この作品を見にJAMに来た」という来場者もいるほどの注目作．

また日本の素晴らしさをジオラマを通して世界の人々に発信したいというアトリエトレインは，デザインやWEB発信を手掛けるyosh_z10さんとジオラマを製作する森田益也さんがチームを組んで活動している．

第2西川橋梁モジュール全景．実物は伯備線 足立―新郷間に所在し，一帯は40年以上にわたって活躍した381系"やくも"の撮影スポットとしても知られる．標高370mの山深い高地にあり，高梁川水系の西川とJR伯備線・県道8号が互いに交わりながら併走する．振り子特急をもってしても75km/hの曲線制限を随所で受ける難所である

こちらは森田 益也さん（アトリエMORIJI）と激団さんぽーるの佐藤 藍さんの合作で．同じくTMSレイアウトコンペに入選した"上越線 利根川第三橋梁"．佐藤さんが只見線の上路式トラス橋を製作しようとしたが，どうしても利根川第三橋梁にしか見えなくなり途中で変更したという．川の水は色合いにこだわり上流にダムがあることを意識して表現．蜂の巣や資源ごみなど細かいアイテムも

J国際鉄道クラブ

Scale 1:80・1:150
16.5mm・9.0mm

東京国際鉄道クラブなどいくつかの団体や個人モデラーが"国際鉄道クラブ"として集結し，昨年に続いて2度目の出展．普段は東京・熱海・関西の三拠点で活動する．

神狩音-N5-隼さんら関西メンバーは近鉄伊勢中川駅の短絡線をイメージしたエンドレスレイアウトを製作．田圃に大きな広告看板が林立する印象的な風景をユーモアも交えつつ再現している．反対側のコーナーは大きな山で覆い，駅前にはガンダム像と，来場者の反響も楽しみに製作に打ち込んだという【N】

2024年のJAMテーマ"特急"に呼応した特急車輌の展示．ビンテージものの真鍮製から最新のプラ製品まで幅広いコレクションである【16番／HO】

クマ鉄ラボさんはモジュールレイアウトを2作出展．上は東武浅草駅を出てすぐの有名スポット，隅田川橋梁．特徴的なトラスと架線柱を全自作で仕上げた【N】

同じくクマ鉄ラボさんが製作した，海と山に囲まれた観光地の終着駅．隣接する駐車場では貨車の廃車体を使ったホテルが営業中．植栽も豊かで緑濃い【N】

S & BR

Scale 1:76
16.5mmほか

『きかんしゃトーマス』を模型で楽しむ愛好家の集まりで，英国ものゆえOOゲージ主体というのも日本の鉄道模型では珍しい存在といえる．もちろん出展はトーマスシリーズの世界観を再現したものが中心．製品にないキャラクターを自作や改造で揃え，情景づくりを通じてイギリスらしい原風景にも造詣が深い．2019年から4回連続出展．

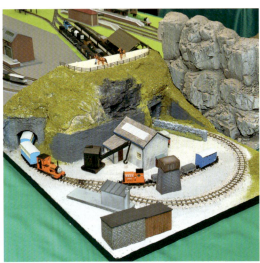

Kaiさんは作中に登場するナローゲージのスカーロイ鉄道のオーバルレイアウトを製作した．縮尺1:76・軌間9mmの"OO-9"スケールで，自宅に製作中のOOレイアウトに組み込む習作を兼ねている．ウェールズ地方特有の岩山やスレート（粘板岩）の質感を丹念に仕上げている

市橋 健悟さんの新作は3Dプリントを駆使してブレンダム港で貨物船の積み荷の上げ下ろしに従事する"クレーンのクランキー"．土台に内蔵したモーターとギヤにより操縦室が左右に可動．アーム先端のライトも点燈する【N】

藤田 鉄太郎さん作"風車と湿地"．初期オープニングシーンに登場した『きかんしゃトーマス』を代表する情景で，風車はAirfix製キットから製作した．水辺の草は劇中の質感を再現するため筆先を切ったものを使用し，水面に浮かぶ多数の葉はアクリル絵具で彩色したものだという【OO】

モデラー出展 後編

自由環状線（北急・鈴鉄）

Scale 1:150　9.0mm

Nゲージの大規模モジュール＆セクションレイアウトを得意とする11名のモデラーによる合同出展．大がかりなモジュールは発案したメンバーを中心に合宿形式で製作しており，主要なストラクチャーは多くがペーパー自作である．

作品写真提供：自由環状線（北急・鈴鉄）

トンネル坑口ごしにフォトスポットを設定

新作の東海道新幹線 小田原駅．緩曲線のついた通過線を16輌編成が駆け抜ける新幹線の醍醐味が詰まった高架駅で，特急列車をテーマに掲げる今年のJAMにふさわしい作品．写真映えや見やすさを考慮してホームには照明を入れ，上屋はシースルー仕上げ．駅の前後どちらから鑑賞しても列車が引き立つよう製作されている

地平には昨年・一昨年と人気を博した上野駅13・14番線モジュール．実物は人工地盤に覆われた頭端式ホームだが，列柱から上を省きカットモデル的に作り込んでいる

小田急サザンタワーなど高層建築もペーパーで効率よく自作してブースの立体感を高めている

メンバーが所有する特急車が勢ぞろい．歴代小田急ロマンスカーやフリーランスを交えた"トワイライトエクスプレス"塗色の牽引機など，車輌のコレクションや工作も盛んである

どうする理論破綻！ FWH鉄道

Scale 1:160　9.0mm

西部劇のシーンを彷彿とさせるアメリカ形フリーランスNゲージレイアウト"FWH"鉄道は遠西 幸男さんの個人出展ブース．実物で列車長1マイルを超す長大貨物列車ワンマイルトレインがゆっくり闊歩する情景は，物流の多くを大陸横断鉄道が担うアメリカらしいスケールの大きさだ．

ゴムタイヤを履くことなく約200輌もの貨車を単独牽引できるオリジナル蒸気機関車の自作に情熱を注いでいる．

2年がかりで完成をみた新作ウルトラガーラット．日本国鉄D51（KATO製）の動輪ユニットを6台分使った12気筒のモンスターで，軸配置2-8-8-8-4＋4-8-8-8-2．4台のコアレスモーターで駆動し，真鍮自作の上回りを架装して威風堂々の存在感が漂う．実物の機構としては成立しない箇所もあり，また次作へと夢を繋ぐ

ワンマイルトレインが周回する内側では今年のJAMテーマ"特急"に呼応した世界の特急列車展を開催．個性豊かな顔ぶれにホビーライフの豊かさが感じられる

一部区画をキッズ向けに開放し，子供たちが自由に模型を触れる場を提供．温かい配慮が未来のモデラーを育む

pagos

Scale フリー

10年以上にわたってNスケールの完成品やプラキット、エッチングキット、ペーパーキットをBトレインサイズにショーティ化してきた岩渕 泰治さんのブース．今も年間100輌程度を新たに製作しており、JAMに出展しているのはその中の一部だが、各車輌の特徴を短いサイズにアレンジする創造力も見どころだ．

約6時間かけてびっしり陳列された作品群．新作は除雪車やオイラン車など真鍮エッチングキットから製作した事業用車群である

IHTモジュール倶楽部

Scale 1:80 16.5mm

JAMに来る子供たちが目を輝かせて鉄道模型を楽しむ様子が、自分の昔を思い出すようでとても嬉しい．そんな思いから、未来のモデラーに希望を託す長部 太郎さんが2年連続で個人出展．

シンプルなエンドレスを、量感豊かな16番が走る姿をじっくり眺められることはキッズにとって夏休みの特別な思い出となろう．体験運転も行われ、好評を博していた．

5線あるエンドレスにはプラ製の国鉄形車輌が勢ぞろい．一部の区画には架線柱や情景が設えられ、着々と工事が進められている

NPO ナナツホシ

Scale 1:150 9.0mm

東京都足立区で子供たちに鉄道を通したものづくり体験を提案し、将来の夢を育むことをテーマに活動しているNPO法人．普段は地元竹ノ塚でプラレール、Nゲージの体験運転、ペーパークラフト、簡単なプログラミングを使ったモジュールキットの運転などを行っている．今年のJAMではNゲージを使って貨車の入換で行う突放作業をゲーム感覚で来場者に体験してもらう催しが好評だった．

機関車が推してきた貨車を指定位置で解放し、惰性でヤードの奥へと突き放す突放作業．かつて全国の操車場で見られた光景をNゲージで体験

"特急"コレクション展示

エゾゼミ電車区

Scale 1:150 9.0mm

カトー製品をベースに加工した車輌を走行展示．またモジュールレイアウトは田舎の小さな住宅街をイメージしている．床下の塗装やウェザリングのほか車内も再現し、雪国の車輌には連結器カバーを追加している．

ラインナップは青い森鉄道・銀河鉄道701系、JR東日本129系、127系100番代、しなの鉄道SR1系、JR東海の313系1300番代など

モデラー出展 後編

キハ模型部

Scale 1:150・1:220
9.0㎜・6.5㎜

"カップ酒を片手にフラっと列車旅"をテーマに2006年にオープンした東京・日本橋の鉄道居酒屋"キハ"をベースに活動する模型クラブである.

メンバーも同店のご店主とお客さんという間柄で,作風不問.初心者でも気軽に仲間に加われる和気あいあいとした雰囲気だ.毎年店内で作品コンテスト"キハモデル王選手権"を開催するほどの盛り上がりを見せており,メンバーの工作レベルも高い.

梅の名所偕楽園をイメージしたT-TRAKモジュール.作者が茨城県出身で,数十本に及ぶ梅の木は針金からの手作り.架線柱は3Dプリント自作品で精巧な仕上がりが雰囲気を高めている【N】

おせち料理の三段重の中をタラコ色のショーティ気動車が走るというアイデア作品"六半Zゲージお重 おせち".Zゲージのコンパクトさを活かして重箱の中に伊勢海老や数の子といった縁起物の食品サンプルを盛り付けている【Z】

北関東にありそうな田園風景を作り込んだモジュールレイアウト.高い築堤とプレートガーダー橋で地平の線路を乗り越す立体交差を再現しており,地形変化に富んだ作品となっている.ロクハン製を中心に車輌ラインナップが年々充実しているZゲージだが,製品化されていない車種は切り継ぎなどで製作している【Z】

相模原鉄道模型クラブ

Scale 1:150
9.0㎜

神奈川を中心に東京・首都圏,中部地方にも会員を持つNゲージクラブ.普段からTOMIX製コンビネーションボード＋ファイントラック規格をベースとした集合式レイアウトでの運転会を行なっており,JAMには2019年から参加している.

下山 忍さんのモジュールレイアウト内に作られた"横浜 きぬた歯科"の建設予定地.実際に動作する回転看板は同院長公認だそう

鈴木 賢一さんのモジュール"ドブ川で遊んだ遠い夏".作者の心象風景かと想像させるノスタルジックな作品で,ストラクチャーは市販品を巧みに改造して印象を変えている

五吋小鉄道之会

Scale 1:6・1:12
127mm

今年の出展は曲線半径75cmのサークル線での展示がメイン．製作が進む桜崎鉄道の次期新車，加藤DL風バッテリーロコの傍らを，西湘森林鉄道DB1がゆっくり周回する

福堀軽便鉄道・桜崎鉄道・西湘森林鉄道など私設鉄道（個人）が中心となって活動する5インチ乗用模型の集まり．小川精機のライブスチームから始まって自作バッテリーロコへと手を拡げ，真鍮・プラ，木材などでDIYを楽しみつつ各地で乗用運転を行っている．

ブースにボール盤や工具一式を持ち込んで3日間のJAM会期中に木造客車を作り上げる"特急工作"実演を開催した．今年のコンベンションテーマ"特急"にちなんで製作シーンを大公開！

昨年hitrak（八王子車両センター）として出展していた南多摩簡易軌道さんが今年は当ブースに合流．2010年に製作したJR貨物EH200形を展示した．傷んできたMDF製の車体を再塗装するなど目下レストアを進めている

TT9クラブ

Scale 1:120
9.0mm

Nゲージ用の9mm軌間に縮尺1:120の車輛を組み合わせ，蒸機など狭軌車輛のプロポーションを的確に再現した新規格"TT9"の愛好者サークルである．このスケールは国鉄蒸機ならではのほっそりした足廻りと車体の量感，リアルな情景を作り込みたいモデラーには打ってつけで，その魅力を堪能すべく昭和の時代を再現したレイアウトを所有し，精力的に活動している．

TT9製キハ80系は，このスケールでは貴重な特急形の塗装済完成品で，中央のキハ20は2021年の機芸出版社TMSコンペで佳作に選ばれた作品である．高台の神社が見おろすレイアウトは約18年前に着工し，クラブと歩みを共にしてきたもので，5年ほど前に完成している．しかし，所々劣化したため，今はベースのスタイロフォームの更新や電気配線のし直しなど若返りを進めている

時代設定は蒸気機関車が活躍していた昭和30年代で，駅も車輛もその頃の非電化幹線のイメージでまとめている．C61・9600形などTT9製キットを精力的に組み上げている．蒸機好きには狭軌車輛ならではの繊細なプロポーションがたまらない魅力なのだ

モデラー出展 後編

Tsudanuma Indoor Railway

Scale 1:24・1:22.5 45mm

青木 佑一さんの自作Gゲージの世界．ペーパーで車体を一から製作するバイタリティ溢れる作風で，このスケールになると電車1輌でも長さ80cmを超え，博物館に収蔵されている大形模型がそのまま走っているかのような迫力である．

近作ではワルツを踊るような演出走行を目指して，車輌にシングルボードコンピュータRaspberry Pi3（ラズベリーパイ3）を搭載し，無線LANやBluetoothといった通信でパソコン・スマートフォンと繋ぎ，加減速やライト点燈といった制御を行わせている．右のビッグボーイも発煙装置をデジタル制御で思いのままにコントロールできる．

新作は世界最大級の蒸機ユニオンパシフィック鉄道"ビッグボーイ"4000形．2004年製作の国鉄C57と2005年製作の同C62の足回りを再利用したもので，軸配置4-6-2-2-6-4にアレンジし，上回りはペーパー自作した．水噴霧式加湿器を利用した発煙装置を搭載する

今年のJAMテーマ"特急"に呼応した国鉄151系"つばめ"．2012年に完成したペーパー自作モデルで，パーラーカーを先頭とする6輌編成．今回出展にあたりデジタル制御に変更した

渋谷区立代々木中学校 鉄道研究部

Scale 1:150・1:160 9.0mm

学校のクラブ活動に保護者や地域の方々が一体となって本格的に鉄道模型を楽しむという，公立中学校では珍しい部活動．同校きっての名物クラブとして知られている．

1周およそ15mのモジュールレイアウト"よっちゅう環状線"を保有しており，地元の子供たち向けの運転会も積極的に開催．情景製作やギャップを切っての閉塞運転などハイレベルな環境が整えられており，充実した模型ライフを楽しんでいる．

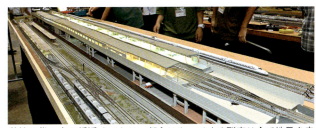

学校は代々木八幡近くにあり，都心にやってくる列車は全て地元を走る車輌ともいえる．線路も駅もその舞台にふさわしい立派な設えだ

来場者体験運転に用いるハンドル操作形自作コントローラー

鉄ちゃん倶楽部

Scale 1:150
9.0mm

上越線を題材にした濃密な情景作品で来場者を魅了してきた鉄ちゃん倶楽部．今回は上牧駅の北側にある佐山県道踏切をモデルにした新作モジュールを展示した．

三峰山麓へ分け入る細い三桁県道のヘアピンカーブと交差しており，線路は山裾を縫うように水上駅に向けて高度を上げていく．マイコン動作の踏切を設置して動きと音の演出を与え，コンパクトながら強いインパクトを発信し注目を集めていた．

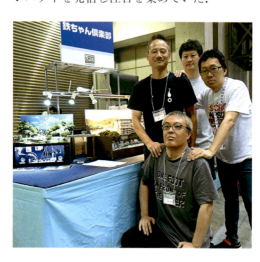

踏切はアルディーノを用いたマイコン制御．基台下部をあえてシースルーにしてプリント基板やスピーカーを見える構成にしている．また情景には上方からスポットライトを当て，ライトアップによる高い演出効果をもたせている．舞台芸術の技巧を採り入れ，自然光の実景を見るようなリアルさを醸し出している

鉄道模型コミュニティー「模輪(もわ)」

Scale 1:150
9.0mm

中川 三郎さんの個人出展．マイカーをプラグインハイブリット（PHEV）車に買い替えたことがきっかけで，車の大形バッテリーから模型の走行電源を取得することを思い立ち，カーゴルームにモジュールレイアウトを積み込んでオートキャンプ感覚で野外でNゲージの運転を楽しんでいる．

リアゲートを開けるとカーゴルームにはT-TRAK規格のNゲージモジュールが鎮座し，車に備え付けのコンセントから電源を取ればそのまま即席の運転会場に．シングルモジュール×4台，コーナーモジュール×4台を幅720mm×長さ1,340mmに収めている

今回の出展にあたっては駅やコーナーモジュールを中心に新しいモジュールを製作した

JAM会場に車ごと出展し，リヤゲートを開けて車の電源を使って3日間模型を走らせた．設営/撤収も簡単で，意表を突いたアイデアに来場者は興味津々だった

モデラー出展（後編）

ギミック2024

Scale 1:80・1:87・1:150
16.5mm・9.0mmほか

毎年，趣向を凝らしたギミック（＝ちょっとした仕掛け）満載の模型作品で来場者を楽しませてくれる面々が今年も"ギミック2024"として登場．特定のスケールや模型ジャンルにこだわることなく，高い工作力と自由なアイデアで作り上げた作品たちがブースを彩る．

マンションの住民がバルコニーの植栽に水をやる"ギミック"

品原 一之さんは五能線鷹木（どろき）駅のミニモジュールを発表．100円ショップのショーケースに日本海バックの雄大な情景を凝縮した．現地を旅した思い出を基に雪が半溶けになった季節感を再現している【N】

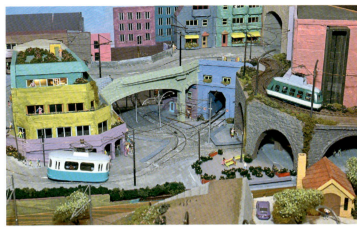

小池 令之さんは2011年に出展した旧作を大幅刷新した架線集電レイアウト"サカマチ軌道標準線"を展示．8の字エンドレスでクロス手前のギャップを切ることで簡易自動停止回路を形成し，同時に2〜3輌が追突せず続行運転できる【HO】

宮﨑 正雄さんは西鉄で貨物・救援車として活躍したモワ803・804をフルスクラッチ．リチウムイオン電池で駆動するドアエンジンを組み込んでおり，ホームに到着すると側扉を開け荷物の積み降ろしシーンを再現することができる【16番】

加東 富美男s' room

Scale 1:150
9.0mm

鉄道駅と街の開発がリンクした時代の風景を再現したモジュール"東急新多摩線さくらが丘駅"．

東急といえば鉄道を中心に街が発展してきた歴史があり，ようやく道路が整備されて建物が立ち並び始めた開発中の雰囲気を表現している．実際の街の移り変わりのように，今後このモジュールも変化させていきたいそうだ．

手前の紺色のテーブルは運搬時にレイアウトの上に被せる大形カバーを兼ねている

1,400×800mmの省スペースに複線エンドレスとヤード2線で完結するシンプルな構成だが，築堤やトンネルが貫く台地の高さを十分に取り，丘陵を造成した通勤新線らしい立体感をもたせている

60年にわたって段階的な都市開発で成熟してきたニュータウンの黎明期の途上感をよく捉えている

木こり鉄道 やまなみライン

Scale 1:150・1:160
9.0mm

濱嶋 章・規子夫妻の作品で，JAM3回目の展示となったクロアチアの光景から着想を得た高原風景のモジュール．毎回手を加えており，今年は裏面に信号所を新設したほか，ストラクチャーの細部をアップグレードしたり，木を50本ほど増やしてより実感的な仕上がりとなった．コルク樹皮を使った岩肌やグリーンマットを用いた草の表現，彩りを添える花や樹木など，細部まで細かな表情がつけられている．

ドールトレインコンセプト（LOCOCORO）

Scale 1:20
32.0mm

シルバニアファミリーのドールハウスと鉄道模型を融合して新たな世界観を創り出した，竹井 心さんの作品．車輌から建物まで全て自作で，2人乗りの客車を牽く機関車は電池駆動でトコトコ走るユニークな姿が可愛らしい．写真にある水車はセロテープカッターにもなるという遊び心も．来年は新作を出したいと意気込んだ．

モデラー出展 後編

追兎電鉄株式会社
おうと

Scale 1:150
9.0mm

パソコン制御の完全自動運転を毎年展示し，駅メロディやアナウンス，鉄橋通過音など音響効果にも力を入れて注目を集めていたが，今年はなんと0.2mmチップLEDを7つも取り付けた中継信号機を追設し，実際に他の信号機と連動させていた．架線柱から吊り下げるタイプの信号機も実装し，Nスケールながら非常にリアルな情景を再現していた．

複々線上に設けられた"美久宮駅"と"追兎天神駅"の間を予めプログラムしたダイヤ通りに自動運転するという，DCCの可能性をフルに追求した本格レイアウト．多数の列車はまるで運転士が操縦しているような滑らかさで加減速し，制限速度や停止位置を守って駆け回る

YouTubeを見て共感した視聴者が加わり，設営や運営が断然スムーズに

3cars

Scale 1:150
9.0mm

初出展．東急池上線久が原駅をモデルにした自動運転レイアウト"3cars 〜3両編成〜"は，2輌では短く4輌では長いと感じ，3輌編成を走らせることにしたという．

現代の久が原駅がプロトタイプで，ホーム柵や検知装置まで抜かりなく再現．踏切・信号・線路柵・架線柱のほか，ゴミ箱などのパーツは3Dプリンタで自作している．送電線の鉄塔と一体になった高い架線柱が池上線らしさを醸し出している．

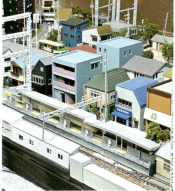

K-SOL かわてつソリューションサービス

Scale 1:150
9.0mm

架空の"川獺(かわうそ)鉄道"向けの新車2000系をお披露目．共通設計の車体ながら42年ぶりの自社発注車で2018年デビュー，今後10年かけて在来車を一掃する……という地方鉄道にありそうな設定で，最近の地方鉄道らしいデザインのデカールを自作している．様々なモジュールも展示されており，これからさらに拡充してダイヤ運転の実現を目指しているとのこと．

旧出展名"川獺鉄道"時代から5回連続の出展．背景の曲線上の単線ホームは既製品に頼らず全自作した"川久保駅"モジュールで，長野電鉄夜馬瀬駅やJR飯田線 切石駅のイメージを参考に製作した作品である

めがね橋を渡るアプト式の列車

Scale 1:80
16.5mm

アプト式だった碓氷峠旧線を愛好する高崎 功さんの個人出展．同区間の煉瓦積みめがね橋のモジュールレイアウトや車輌製作を楽しんでいる．今回は初のJAM出展に間に合わせるべく，1912年の電化後に作られた電気機関車ED40と，暖房車ヒフ142の2輌を2カ月ほどの短工期で完成させた．

珊瑚模型製真鍮キットを組み上げたED40．本邦初の国産電気機関車としても知られる

暖房車ヒフ142．歯車車を流用した3軸の特異な車輌で，鉄道模型社のキットから製作した．資料の少なさに苦労したがわずか2週間で完成させたという

西武文理大学

Scale 1:150
9.0mm

今回コンベンションで唯一出展の大学鉄研．昨年に引き続きNゲージモジュールで車輌の走行展示を行った．JAMのテーマである"特急"に呼応して"平成の国鉄・JR型特急車輌を愉しむ"というテーマを設定．旧鉄建公団規格のような高架線や，地上の単線エンドレスで亜幹線を行く情景を再現し，留置線に特急型車輌や寝台特急客車が並ぶ姿は壮観であった．

埼玉県狭山市にある西武文理大学．JAM出展は鉄道研究部の恒例行事となっている

多摩あかつき鉄道

Scale 1:150
9.0mm

クラブのレイアウトに堀内 拓さんの新作"山手線前線基地 東京総合車両センター開設"を組み込んで展示．実際の東京総合車両センターと同様の二層構造を再現している．

2年前から構想していた作品で，航空写真や資料をもとに実物に即した配線を実現している．下段は暗く，ライトの設置やポイント操作の電動化で安定運用を図っている．

上下段合わせて46編成収容可能で，車輌が照明に照らされる下段は絶好の撮影スポットとなっていた

モデラー出展 後編

「わたくし流てづくり」 ぷちテック & VISTA工房 & 藤田ラボ

Scale 1:80　16.5mm

それぞれ異なるアプローチで工作を楽しむ，若原 暁さん・山岸 隆さん・藤田 清さんによる合同出展．電子制御，ペーパーフルスクラッチ，鉄道玩具の16.5mmゲージ化と3人の嗜好は全く異なっているが，気の合う友人同士，思い思いの"わたくし流"で模型工作を楽しんでいる．

こちらは藤田さんの作品で，1:80で自作した151系を堂々のフル編成で展示．床下は真鍮製で，車体はペーパー，屋根と前頭部は柔らかい木材のバルサを使って作製している．本形式の他にも過去の作品が展示され，体験運転もあり注目を集めていた

山岸さんはサウンドプラレールの音モジュールを16番スケールモデルに移植し，そのノウハウ展示を行った．DCC化するよりも手間をかけずにサウンド化できるという趣味人ならではの楽しみ方だ

上州モントレーライン

Scale 1:150　9.0mm

3月の池袋芸術祭でも展示した武田 賢一さんの作品で，上越線上牧駅モジュールをエンドレスレイアウトに組み込んで展示した．

芸術祭出展時には未完成だった箇所の残工事を進め，完全な状態でお披露目となった．また今年のテーマ"特急"に合わせてYSKの人形を車輌に満載し，繁忙期の行楽シーズンを思わせる情景を再現していた．

上牧駅は利根川左岸の山際を蛇行する築堤上に設けられた2面2線の地上駅で，駅舎は築堤下の県道沿いに建てられホームとは階段で結ばれている．緩勾配で高度を稼ぐ上越線の特徴をよく表す駅である

発熱や球切れの心配がほとんどないLED室内燈の普及により，車内にフィギュアを乗せるモデラーが増えてきた

零番三線式の会

Scale 1:45
32.0㎜

ノスタルジックな交流3線式Oゲージを専門に楽しむサークル．かつての普及製品も今やヴィンテージモデルとなっているが，年季ものをレストアして美しく蘇らせ，古き良き時代の大形模型の迫力に浸るというベテランモデラーならではのジャンルである．

1960年代にカツミから発売された国鉄103系ショーティ各色．このうちカナリアイエローとスカイブルーは希少度の高い珍品で，ウグイス色の両運転台車は海外輸出製品である．エンドレスを走るのは両毛線をイメージした70系ショーティで，古いブリキ車体をレストア．先頭車は80系の車体に103系の前面を付けクハ77形風に仕立てている

コンテナ特急"たから号"のヨ5000形もどき．こちらも古いブリキ製完成品を塗り替え，テールマークは床下に積んだ電池で点燈するよう改造を施したもの．線路も車輌もデフォルメした玩具っぽさが交流3線式Oゲージ独特の個性である．ブースは畳マットの上に線路を敷き，お茶の間で楽しんだ当時の雰囲気を演出していた

関西学院大学鉄道研究会 模型班OB
（かんせい）

Scale 1:80
16.5㎜

時代や組成にこだわり抜いた旅客・貨物列車が一堂に会する．旅客列車と貨物列車とでは入換の動きが異なるため実物さながらにヤードを"客貨分離"しており，本線の複線エンドレスや機関庫とはリバース線を挟んで巧妙に繋ぐことで実感的な運転を可能にしている

昭和30年代以前の国鉄蒸機全盛時代にテーマを絞った名門大の同窓サークルで，JAMには2013年の第14回から10回連続の出展．

転車台で機関車の向きを変え，ケーディカプラーの解放機能を駆使して機回しや入換を行う．2018年以降レイアウトの拡張を着実に進めており，客車ヤードとは別に貨物ヤードを2つ擁し，扇形庫は5線から10線にパワーアップ．旅客列車の間に貨物ヤード間を結ぶ貨物列車を運転するという，実物に忠実な運行ができるようになった．

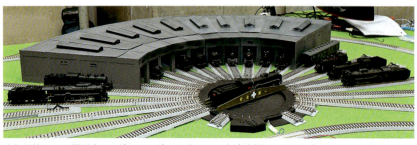

昨年新築された扇形庫は5線から10線に増築され，本線機関区の貫禄を身につけた．檜材と白ボール紙による全自作で，屋根の一部は整備性を考慮し取り外し可能．転車台は英国Hornby製をカトーHOユニトラックに接続できるよう改良したものである

イベントダイジェスト

国際鉄道模型コンベンションの会場では，家族連れから熱心なファンまで幅広く楽しめるようさまざまなアトラクションが用意されている．ここではそんな会場各所でのイベントの様子を紹介しよう．

模型に見る特急列車

今年のコンベンションテーマは"特急"．停車駅を絞り，その鉄道の威信を賭けた車輌で運行される特急列車はまさに鉄路のスターであり，古今東西さまざまな車輌が模型製品化されてきた．会場の至るところでコレクションを持ち寄っての展示会が開催されていたが，エントランスではそれらを代表し，国内外の特急列車をHOスケール中心に編成で展示．時代や地域を超えて世界の特急が一堂に会するのは模型の世界ならではであり，華麗な編成美で来場者を出迎えた．

羅須地人鉄道協会9号機　協力：羅須地人鉄道協会

千葉県成田市の成田ゆめ牧場"まきば線"を拠点に活動する羅須地人鉄道協会が今年も"ビッグサイト支線"に出張運転に来てくれた．登場した機関車は2021年に協会の人たちが製造した9号機"MAZURKA"で，軌間610㎜の軽便鉄道規格ながら本物の蒸気機関車が人車を牽いて60mほどの直線をゆっくり往復し，観客を魅了していた．
【8月16日は展示．8月17・18日は体験乗車会】

スチームに代えて圧縮空気を動力源に自力走行を行った．9号機は国鉄C53形の機構を模した3シリンダー機となっており，ビッグサイトに響く鐘・汽笛・走行音は会場随一の存在感．体験乗車料金200円で，2日間で700人近い乗客が蒸機の小旅行を楽しんだ

ポーランド風の外観をもち，軸配置0-6-0．整備重量は乗用車2台分の3tである

村井 美樹・末永 桜花 "鉄道女子会2024"

華やいだ女子会に，JAM会場はコンサートさながらの熱気に包まれた

鉄道をこよなく愛する趣味人同士．トークの中身も本格的だった

● 村井 美樹さん
女優．鉄道旅や撮影をソフトに楽しみ，趣味を生かして鉄道を取り上げる番組への出演も増えている

● 末永 桜花ちゃん
アイドルグループSKE48メンバー．子供の頃から鉄道好きで名鉄6000系や新幹線N700Sが"推し"

テレビでおなじみの鉄道好きタレント・村井 美樹さんと末永 桜花ちゃんが，伊藤 桃ちゃんの司会進行でテンション高くフリートーク．鉄道旅行の思い出から駅・食べ物の話，人との出会いなど，女性ならではの視点で鉄道趣味を語り合った．【8月16日・11：00～12：00】

ぺたぞうの電車王国

鉄道おもちゃを使ってレイアウトを構築し，子供たちと一緒に楽しむぺたぞうさんのイベント出展．狭い空間でも幾重にも重層化することによって立体的な大レイアウトを組むことを得意としており，各地で行われる鉄道イベントでも精力的に参加．子供たちから絶大な人気を獲得している．

Lゲージブロック玩具で作る鉄道模型

独自の鉄道模型システム"Lゲージ"に魅せられたモデラーたちの楽園．ブロックを組み立てて作った建物群をさまざまなLゲージトレインが快走し，今年のコンベンションテーマに沿って華やかな特急車輌作品が多数く登場した．来場者が自分でオリジナル車輌を作って走らせるコーナーも設けられた．

伊藤 桃 トークショー "夜を駆ける特急列車"

趣味歴17年の鉄道ファン．夜行列車が醸し出す旅情に魅せられて"北斗星""あけぼの"など引退した寝台特急にも数多く乗車してきた．トーク後にはサイン会も

鉄旅タレント・伊藤 桃ちゃんが実際に乗車した夜行特急の思い出を語る．令和の今も走る定期寝台特急"サンライズエクスプレス"から，今夏中央東線に復活した臨時夜行特急"アルプス"まで，夜を駆ける特急の魅力をたっぷりとお届けした．【8月18日・10：30～11：30】

個室寝台，ノビノビ座席といった多彩な接客設備を乗り比べてきた思い出を司会の赤城 隼人さんと語り合う．趣向を凝らした車内に桃ちゃんの観察眼が光る

イベントダイジェスト

講演 南井 健治 鉄道車輌のカラーリング

煤煙を吐く蒸気機関車の"黒"の時代から，電化や技術革新を経て明るくカラフルになってきた鉄道車輌の車体色の歴史

近年優等車輌ではメタリック塗装を採用し，高級感を訴求するものが増加

●南井 健治さん
東大阪市の大手鉄道車輌メーカー近畿車輌の元取締役常務執行役員．入社から約30年にわたってデザインの第一線で活躍し，JR西日本・近鉄から輸出車輌まで数多くのデザイン開発に携わってきた

無塗装のアルミ・ステンレス車体もラッピングで色を付ける傾向に

形状よりも利用者の印象に残る"色"の役割は大きく，その重要性を語る

681系・683系"サンダーバード"や281系"はるか"など数多くの車輌デザインを手掛けたデザイナー南井 健治さんの講演．今回は車体色の変遷を中心に，カラーリングの役割やデザイン意図，これからの方向性など車輌開発の第一人者ならではの解説を聞くことができた．
【8月16日 14：30〜15：30】

堺 正幸・笠井 信輔 鉄アナ重連トーク

●堺 正幸アナ
元フジテレビアナウンサーでスポーツ実況の名手．鉄道ファンにはJR東日本の新幹線・在来線特急の自動放送アナウンスの声の主としても知られる．近年は鉄道ジャーナリストとしても活躍中

堺さんによる車内アナウンス実演で大いに盛り上がった

●笠井 信輔アナ
同じく元フジテレビアナウンサーで，情報・報道番組のメインキャスターを中心に活躍し5年前からフリーに．親子二代にわたっての筋金入りの鉄道ファンである

笠井さんは，半世紀前に初めて購入したというトミーナインスケールのED75形を披露

鉄道好きが高じて鉄道番組のナレーションや新幹線・特急列車の車内放送用アナウンス音源なども担当する堺 正幸アナと，もしアナウンサーになっていなければ鉄道会社に就職して車掌になりたかったという笠井 信輔アナ．大のレールファン・アナウンサー二人に鉄旅タレント伊藤 桃ちゃんが熱烈インタビュー．【8月17日・14：00〜15：00】

1/87 鉄道模型 車輌半田付教室

コテの熱で半田を溶かして接合する真鍮工作の基本を学ぶ．コツさえ掴めば模型づくりの幅が大きく拡がるだけに勘所を教わる意味は大きい．必要な工具は無料貸出でプロが親切に指導

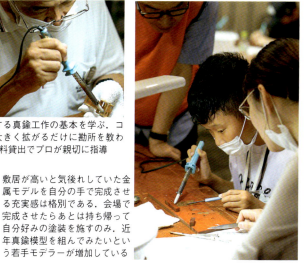

真鍮製キットを購入して工作指導まで受けられる組立教室．今回の教材は1:87 12mmゲージ，Models IMON製北陸重機製タイプディーゼル機関車キットである．動力付きのエッチングキットで，キット代金を含めた参加費は17,600円．会期中4回の工作に出席して塗装直前まで持ち込む本格的な内容だ．
【8月17日・18日 11：00・13：00・14：00〜16：00】

敷居が高いと気後れしていた金属モデルを自分の手で完成させる充実感は格別である．会場で完成させたらあとは持ち帰って自分好みの塗装を施すのみ．近年真鍮模型を組んでみたいという若手モデラーが増加している

桂 梅團治 "鉄道落語"

●桂 梅團治さん
長屋を描写した噺を得意とし,令和元年度の文化庁芸術祭で優秀賞を受賞した実力派.蒸気機関車の撮影が大好きで,年季の入ったその腕前も一流である

鉄道,特に蒸気機関車をこよなく愛する上方落語界の実力派,四代目桂 梅團治師匠.趣味を生かして鉄道にまつわる新作鉄道落語を次々に創作されており,同じ鉄道好きの心に響く円熟の話芸で集まった聴衆を魅了した. 【8月18日・14:00〜15:00】

東北福祉大 鉄道交流ステーション 寄贈資料展示

日本の交流電化発祥の地,仙山線ゆかりの貴重な鉄道部品や記録写真を展示.沿線にある東北福祉大学の鉄道交流ステーションに所蔵されていたもので,同館の閉館にともない井門グループに継承された.膨大な所蔵品は今後,井門グループが開設を予定している日本鉄道模型博物館での展示に向けて管理されるという.

昭和の鉄道映像

大石 和太郎さんが1960〜1970年代に撮影した蒸気機関車現役末期の16mmフィルム動画をデジタル化の上,上映した.山田線 小本線のC58,武蔵野の老兵9600形,二俣線の蒸気機関車の3作品.当時の高級機材を駆使した躍動感あふれる鮮明な映像は鉄道史の一級史料といえよう. 【8月16日・13:00〜14:00】

フードコート

一日中鉄道模型を楽しめ,滞在時間が長いJAMでは会場内にフードコートも設けられている.今年はMILLAN,とんかつ まい泉,峠の釜めし おぎのや,売店 Deli,くりこ庵,銚子電鉄の6社にパワーアップ.飲食スポットとして賑わった.

レールマーケット

IORI工房製 大井川鐵道井川線をイメージしたDD20とスロフ30のレーザーカット済みペーパーキットの組立見本 【1:64】

城東電軌製キット 北恵那鉄道デ2【開発中試作品・HO1067】と,堀之内軌道オットーロコ【On30】の組立本

模型工房パーミル製キット 12系"オリエントサルーン"【N】とキハ187系【16番】の組立見本,ペーパーと3Dプリントの折衷構成である

小規模メーカーを中心に26ブースが集結した物販コーナー"レールマーケット".模型店でもなかなかお目にかかれないブランドが多く,JAMで初売りとなる新製品・限定品や,ワンオフの特製完成品が目白押し.メーカーのスタッフと直接話せる貴重な機会でもあり,ここでじっくりショッピングするのもJAMの醍醐味の一つだ.

出展社一覧
IORI工房・城東電軌・模型工房パーミル・工房さくら鉄道
幻想鉄道とR工房・USAGIMMICK(ウサギミック)・庄龍鉄道模型倶楽部
コリン堂・フジドリームスタジオ501・甲府モデル・エヌシェル
Rail Classic・夢ソフトウェア工房・南洋物産・銀河モデル
株式会社朗堂・まねき屋模型・ビバン模型製作所・京神模型・河内モデル
エヌ小屋・TSUKURIBITO・北野工作所・みやこ模型
純鉄モデル・オズモファクトリー・模型工房たぶれっと・ヨミテックス

イベントダイジェスト

鉄道模型夜行運転

1：87・12mmゲージ車輌を使い，会場内に暗室を特設して夜行運転を魅力的に紹介するブース．発熱や球切れの心配が少ないLED照明の普及によって，ひと昔前では考えられない実感的な電飾が楽しめるようになってきた．明かりを灯して走る夜汽車の情緒は鉄道模型の魅力を大いに高めてくれる．来場者の車輌持ち込みによる運転も．

"親子で楽しむ" ジオラマ教室

小学生の親子連れを対象に簡単に作ることができるミニジオラマの組立教室を開催．参加費500円・1回1時間の教室で，今回は道路を跨ぐ鉄橋と築堤をコンパクトにまとめたペーパーキットを製作した．Nスケールなので完成させたら自宅でお気に入りの車輌の展示台として使えるのも魅力だ． 【8月16・17日は3回，18日は2回開催】

背景は選択式で好みの雰囲気に仕上げられる

JAM直売所

出入口そばに設けられた直売所はノベルティを買い求める来場者で賑わった．特にJAMのロゴを配したNゲージ貨車はコレクターズアイテムとして毎年楽しみにしているモデラーが多く，購入希望者には毎朝開場前に整理券を発行するほどの人気ぶり．

2024年JAMの限定ポロシャツは背中にボンネット特急車クハ481形のイラストをあしらったデザインである

恒例のJAM限定モデル．今年はタンク車タキ1000形【N】オレンジで，価格は2,100円

コンベンションオリジナルのフェイスタオルやペンケースなど多彩なグッズが販売された

企業出展

メーカー・ショップ大集合

国際鉄道模型コンベンションは，趣味人とメーカー，ショップとの交流も開催目的の一つに据えている．新製品は常にモデラーの関心の的であり，メーカーにとってもモデラーの声を直接聴き今後の製品づくりに活かせる絶好の場．56もの企業ブースがひしめき，これだけのブランドが一堂に軒を連ねるのはJAMならではといえよう．（価格はいずれも税込）

ワールド工芸

ED42 19〜22号機．標準的な形態をベースにエアフィルターの目が細かい形態を再現．塗装済完成品220,000円．【16番】

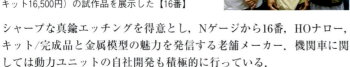

ニワトリやアヒルを運ぶ家禽車，国鉄パ100形（真鍮キット16,500円）の試作品を展示した【16番】

シャープな真鍮エッチングを得意とし，Nゲージから16番，HOナロー，キット/完成品と金属模型の魅力を発信する老舗メーカー．機関車に関しては動力ユニットの自社開発も積極的に行っている．

アクラス（16番）

既発売のキットに対応する"205系211系対応空気配管3Dパーツ"を発売した．先頭車対応2輌分と中間車対応4輌分の2種類で，各2,640円

通電機能を加えてリニューアル発売された205系用の"20m級共通ウエイト板兼通電板"．1輌分820円，3輌分2,310円

さまざまな世代の国鉄形車輌を16番プラ製品としてリリースする"アクラス"でおなじみの株式会社ディークラフト．アイテムによってキット・完成品の形態を柔軟に使い分けており，それらをディテールアップするためのアフターパーツも精力的に開発している．

有限会社 ヤマダ金属商会 鉄道事業部

コンクリート枕木は鉄道軌材工業株式会社，合成枕木は綾羽工業株式会社による製造で会場では自社製の線路と組み合わせて敷設，線路工事の実演を行なったり，特製の枕木文鎮も販売した

ポイント回りも開発しており，参考出品としてダブルスリップも展示された

2014年以来10年ぶり出展の5インチ乗用模型メーカー，特に軌道回りを専門としており，今回の出展では新製品のコンクリート枕木が注目された．大スケールであるだけに既存の合成枕木ともども実物枕木のメーカーで生産したという"本物志向"である．

ATLCO Live Steam Locos

ブースにはLNER A4形「マラード」とGWRパニアタンクを展示（あくまで参考用で現行ラインナップではない）．本国と日本との乗車スタイルの違いから，輸入時に運転用の座席を追加している

英国シルバークレストモデルス製5インチライブスティームの輸入代行を行なう企業．高価かつハンドメイドの性格が強いジャンルゆえ，単に製品の購入にはとどまらず仕様面での細かなオーダーも請け負っており，必要に応じて自社での追加工作も行なっている．会場には2台の5インチライブが持ち込まれ，乗用模型の世界をリアルに体感することができた．

メーカー・ショップ大集合 **企業出展**

メディカルアート

東京都練馬区で，ホーンビィ正規輸入代理店として英国型鉄道模型の販売を担う専門ショップ．ホーンビィ製品の色鮮やかなパッケージが並ぶブースは，居並ぶメーカーブースの中でもとりわけ楽しげな雰囲気を放っていた．

チェコと周辺国の鉄道模型グッズ専門店 クロッカーズ

チェコ共和国の鉄道やトラム，プラハ公共交通公社に関連する模型やグッズ，鉄道トイを販売．Tシャツ等のアパレルは今回初めて販売された．

タトラの博物館に展示されている"スロヴェンスカー・ストレーラ"をプロトタイプとした1:87のプラ製ディスプレイモデル（66,000円）を5個限定で販売された

たびじ商事

東京都日野市のショップで，鉄道模型・実物部品などの買取・販売とともにオリジナル商品の企画も行なう．JAMでは実物部品系の即売がメインで，種類豊富かつ価格も手頃なカット方向幕（実物および原寸大レプリカ）が人気を博した．

鉄魂模型

三鶯重工（台湾）や長鳴火車模型（中国）といった中国語圏の製品を得意とし，日本形・欧州形など幅広いジャンルをカバーする東京都中野区のショップ．オリジナル製品も展開している．特価販売に加え，長鳴製中国形モデルの試作品も披露された．

長鳴より発売予定の中国高速鉄道CR400AF"復興号"の試作品．【N】

Nゲージ室内燈．面発光LEDとエネルギーチャージャーにより高品質発光【N】

アドバンス

16番からZスケールまで様々なストラクチャーを製造するアドバンス．16番の"ホーム基本セット"の試作品が展示された．対向式としても島式としても使える上，プラ成型品になっているためお座敷運転でも扱いやすい．2024年内の発売を目指している．

DENSHA.me（N）

Nゲージ用内装ステッカーやLED室内燈を設計販売するDENSHA.me．室内燈は実車に即した多燈配置とし，付属の磁石でON-OFFの切り替えが可能となっている．

東京ジオラマファクトリー（N）

1:150のペーパーキットを販売．新製品としてバス整備場（6,380円）が加わり，鉄骨部分の作り込みが見えやすいよう屋根を外した組立見本が展示されていた．

株式会社ディディエフ

情景模型製作のプロとして鉄道模型にとどまらず景観模型・建築模型も手掛けるディディエフ．JAMでは好ましくまとめられた1点物のNゲージレイアウトが2種持ち込まれ，会場特価で販売された．

ホビーと用品のEmy, Models Shima

銚子電鉄デキ3キット（57,200円）組立見本。凸形車体は3Dプリント一体成型【G】

2軸単台車6ftタイプ台車枠セット（4,510円）は3Dプリンタで作られ，異なるサイズの車輪にも対応する【G】

共同出店のModels Shimaでは，市販の1:80貨車キットにウェザリングやライト点灯などの加工を施した特製完成品を製作【16番】

数少ない日本型Gゲージ（1:24スケール）の車輌やパーツ類を製造販売するメーカーEmyとModels Shima．精緻な3Dプリントを得意とし，ShimaはOナローのほか16番にも手を拡げている．

淵庵村森林鉄道

ゲストハウスで走行する5インチの酒井C4型．王滝村を走った木曽森林鉄道10t機をモデルとしており，宿泊客は無料で当機が牽く列車に乗車可能．今年は会場限定のオリジナルグッズも販売された

昨年に続き2年連続出展．長野県松本市にあるゲストハウスL-BASEを運営するオーナーが，敷地内に5インチの乗用模型鉄道を敷設．宿泊客限定で1周約110mの路線を毎朝運行している．会場では機関車の展示とビデオ放映によるプロモーションが行われた．

グリーンマックス（N）

1975年から年代ごとにディスプレイされた50周年記念展示コーナー．同社製品史に加え，カタログを彩った組立サンプルや創業者・鈴木雅夫さんによる架空鉄道"須津谷急行電鉄"の車輌も展示．また記念グッズとしてロゴ入り懐中時計（受注生産）が発表された

JR東海213系5000番代（2次車・飯田線）塗装済試作モデルが展示された．同社初の213系で，2輌動力付18,260円・動力なし15,290円が用意され11月発売

東急3000系（目黒線・東急新横浜線）．完全新規金型に生まれ変わり，奇数編成の中間車増結後がプロトタイプ．8輌セット45,100円で9月発売

毎年盛況のトークショーも開催．50周年記念事業として，東武7820型のNゲージ完成品での発売が予告された（2025年夏予定）

近年は新製品こそ完成品主体にシフトしているが，ロングセラーのNゲージプラキットも盛んに再生産・再展開を行ない工作ファンからの支持を集めているグリーンマックス．今回は創立50周年記念企画として，ホビーショップマックスとしての開店以来現在に至るまでの同社の歴史が各時代の製品とともに詳密に紹介され，熱心なファンが絶えず訪れていた．

ロクハン（Z）

ロクハン初の米国形スケールモデルとなるUSRA 0-6-0．実車はアメリカ合衆国鉄道管理局（USRA）の標準設計機．製品はボルチモア・アンド・オハイオ鉄道（B&O）仕様で3種のナンバーが用意され各23,980円，9月発売

ZショーティーからN700S新幹線"のぞみ""かもめ"が登場．3輌セット各2,728円／"のぞみ"スターターセット9,350円で10月末発売

0系新幹線のバリエーションモデル"超特急ひかり2号"スターターセット．最初期仕様の0系と専用カラーのコントローラーを含む入門セットで27,280円．初期形"ひかり"は既存セットと前頭部カバー形状を作り分けてあり，4輌基本21,780円／8輌増結43,780円の構成．10月末発売

製品化が発表された東武100系"スペーシア"．現行の復刻塗装車がプロトタイプとなる予定

日本形Zゲージのリーディングカンパニーとして車輌から線路，制御機器まで幅広い製品展開を行なうロクハン．近年はさらに省スペースで楽しめる"Zショーティー"も人気を集めている．会場では各種新製品の展示やDCC運転のデモンストレーションなどを実施．東武100系"スペーシア"の製品化も予告された．

企業出展 メーカー・ショップ大集合

動輪堂

鉄道を題材にした映像作品を制作販売する動輪堂．北陸新幹線敦賀延伸前後1年間の北陸本線を走行映像で追った最新作"ザッツ北陸本線2 悠久篇 金沢－米原"をはじめ，自社製品を会場特価で販売した．

エクスプレスショップはやて

田端の鉄道グッズショップ．模型はもちろんトイや書籍・ビデオソフト，実物部品まであらゆる鉄道系アイテムを買取・販売しており，会場でも物販に特化して豊富な商品を陳列販売．

掘り出し物を求めるファンが引きも切らずに終日賑わった．

ホビーランドぽち

関東・関西圏をメインに，名古屋や九州にも店舗を構える大手中古モデルショップ．その品揃えに加えて，専門店ならではの品質管理もユーザーにとっては魅力だ．JAMでは例年同様に広大なスペースで出展．車輛セットを中心とした豊富な在庫品が即売された．

箱根模型工房クラフト

箱根町で模型工房や特注レイアウトの企画製作，オリジナルストラクチャーのペーパーキット製造を行う箱根模型工房クラフト．

単独出展となった今回は参考出品としてGゲージの小型気動車と路面電車を展示した．

新大阪模型

主にインターネットでの販売を行う模型店．会場ではトミックス，カトーをはじめとした各メーカーの製品や中古品を，塗装済完成品から組立キットまでNゲージと16番ともに特価で販売した．

アネック

運転席展望など鉄道に関するDVDやブルーレイを会場特別価格で販売．最新作の"宇都宮芳賀ライトレール線 運転席展望"から旧作まで幅広く取り揃え，多くの来場者で賑わった．

(株)交通趣味ギャラリー

鉄道関連アイテムの買取，販売を行う交通趣味ギャラリー．会場では鉄道部品，グッズ，関連書籍，記念交通系ICカードなど多種多様なアイテムを販売．模型も幅広い年代の中古品を数多く販売していた．

Models IMON（物販）

首都圏に6店舗を展開し，自社・他社を問わない鉄道模型の総合ショップとしてファンのホビーライフを支えるModels IMON．

JAM会場では製品販売に加え来場ポイントの付与も行なわれ，終日多くの来場者で賑わっていた．

RAILWAY SHOP (T GAUGE)

国鉄113系は横須賀色の1500番代と，湘南色・阪和色の2000番代をラインナップ．いずれも6輌編成で各27,500円

"Tゲージ"と呼ばれる1/450・3mmゲージの鉄道模型を販売．新製品として国鉄113系やヨーロッパのディーゼル機関車，汎用車運車が加わった．

エルマートレイン

タッチパネル，有線コントローラー，スマホアプリから操作可能で，Z21デジタルシステムに対応したHOゲージの走行運転台を実演販売．欧州鉄道模型メーカー各社のカタログ配布も行われた

欧州形をはじめとした海外製のHO・N・Zスケールの車輌・ストラクチャー・DCC機器等を扱う通販ショップが初出展．外国形に強い専門性を生かして大阪・江坂と東京・九段で実店舗も構えている．

(株)イーグルスMODEL・いろいろ製作所

いろいろ製作所は京急1000形1800番代キットを製作中．床下機器込みの4輌組予価132,000円で台車は別売 【16番】

イーグルスMODELのパーツ取付見本．205系800番代のダミーカプラーとTNカプラーは各1,650円，東武東上線10030型のダミーカプラーとTNカプラーのセットは3,740円，東京メトロ08系のダミーカプラーは1,650円，同じく08系のインレタは1,650円 【N】

高精細なキット・パーツを製造しているイーグルMODELといろいろ製作所が合同出展．

soundtrackage

DCCサウンドデコーダーや韓国型鉄道模型を扱うsoundtrackage．DesktopStation SmileSound MTC21に加工を施し，手軽にDCCを楽しめるようにした商品の実演が注目を集めた．また，日本国内で手に入りにくい韓国hantrack社のHO製品の紹介や受注も行われた．

DCCサウンドデコーダー．ハンダ付けは不要で，市販製品ワンタッチで搭載することができる

武蔵野アクト

NゲージからOJまでオリジナルの模型製品を手掛ける武蔵野アクト．今回は台湾鉄路局に昨年から導入されている日本製新形機E500の試作品が展示された．Nゲージはワールド工芸の製造による真鍮製の完成品，1:80は独自設計のプラ製完成品となる．

手前が16番の試作品

Nゲージ E500．台湾の模型は日本にとって身近な外国形といえよう

レボリューションファクトリー

豊富な種類のインレタやステッカーを製作・販売するレボリューションファクトリー．見本を閲覧しやすいように品番順でファイルにまとめて陳列展示されていた．

鉄道映像ソフトのビコム

鉄道を題材にしたブルーレイやDVDを制作販売するビコム．"ありがとう381系 特急やくも"などの近作を中心に会場特別価格で販売した．迫力ある前面展望や，普段見ることができない定期検査の様子などを収めた特典映像も収録されている．

MATSURI MODELS + Diorama Box

3Dプリントのキットを製造・販売するMATSURI MODELSとDioramaBoxが共同出展．いずれもスケールは1:150である．

MATSURI MODELSは"新交通車輌キット 前期・後期（各28,000円）"と自動車各種（各1,200円）を展示

Diorama Boxから新シリーズ"土木の極"の第1弾となる"プレートガーター橋A 通常ver・B 駅設置ver（各6,000円）"が販売された

メーカー・ショップ大集合 **企業出展**

KATO （特記以外N）

2021年にデビューした台湾鉄路の最新鋭特急電車，EMU3000が完全新規で製品化．アクセントカラー赤と緑の2色が設定される．6輌基本各28,600円，6輌増結各24,200円

ハイブリッド観光列車HB-E300系の新バージョン"ひなび""SATONO"．ボックスシート化されたグリーン車の内装も再現．2輌セット各13,200円で12月予定

初期段階の試作品ではあるが16.5mmゲージのターンテーブルも展示された

1:80で製品化が発表されたD51．以前発売されていたものとは異なる完全新規モデルで，標準形をベースに線区別のメイクアップパーツを設定，ユーザーが味付けを楽しめる構成となる．詳細未定【16番】

日本のNゲージモデルの嚆矢であるC50・オハ31の発売からまもなく60年を迎え，総合メーカーとして国際的に高い評価を得ているKATO．直近では新工場と合わせて整備されたナローゲージ保存鉄道「KATO Railway Park・関水本線」も話題に．今年のJAMではワンハンドル運転台形コントローラーの体験型展示や，完全新規製作となる1:80のD51が注目の的となった．

ワンハンドル運転台形コントローラー"EC-1"．力行5段・制動8段（＋非常）のノッチ操作が可能で，同社製サウンドボックスとの連携を考慮した音同期ボリュームも備える．59,400円で11月予定

株式会社エンドウ （16番）

JR東日本E721系0/500/1000番代（12月発売予定）

西武701/801/新501系（11月発売予定）

国鉄クモヤ495系/JR東海クモヤ193系50番代（9月発売）

来年以降の発売予定品．JR西日本500系V編成"こだま"をプラスチック製完成品で製品化する

プラ完成品で発売される東武特急1720系DRCのテストショットを展示．年末発売予定で価格は6輌組218,900円

16番真鍮模型の老舗メーカーで，近年はプラ量産品も手掛けるエンドウ．編成物の電車・気動車を得意とし，高度なプレス技術や模型動力の定番となったMPギヤ，堅牢なレールシステムなど技術志向の強い総合メーカーである．真鍮製品では豪華観光列車の商品化に対応して，きめ細かな装飾や塗装の再現に注力しており，そうしたノウハウは量販製品のプラスチック完成品にも遺憾なく発揮されている．

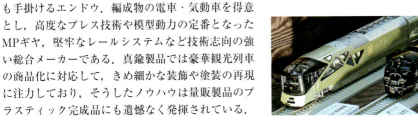
左：プレミアムエンドウシリーズJR東日本001形"四季島"は2025年2月発売予定で価格未定

右：3月に発売されたプレミアム匠シリーズJR九州787系観光特急"36ぷらす3"．6輌セット984,500円

カツミ （16番）

11～12月発売予定のJR東海N700S新幹線電車（J編成・量産車）の試作品．先頭部は真鍮ロストワックス一体成型で，基本4輌Aセット445,500円ほか4種類のラインナップ

JR東日本719系700番代"フルーティアふくしま"．車内のテーブルや肘掛椅子もプラ成型で再現される．2輌297,000円で11～12月発売予定

昨年のJAMで発表された新形カプラーのサンプルを展示．プラ成型の組立式で，伸縮機能と外観を両立している

16番をメインに真鍮製模型の中核メーカーとして77年の歴史を刻む老舗である．首都圏と大阪に直営店を構え，製品は編成物の完成品が主力だが，近年では気軽に金属工作の楽しさを味わえるチャレンジシリーズ，エッチング主体で中間層向けのB-Lightシリーズなど新しい取り組みも行っている．

京商との初コラボ商品となるISUZU GIGA＋セミトレーラーの試作品を展示．12フィートコンテナがワンタッチで積載可能となる

梅桜堂

新製品の柵・はしごペーパーキット各種

Chitetsu Corporationとのコラボ製品，1:80の木造単線機関庫．スレート屋根のA（9,500円），板屋根のB（9,000円）の2種類をラインナップ

懐かしい昭和の建物のペーパーキットを製作するメーカーで，丹念な時代考証が身上．1:48・1:80・1:83・1:87・1:150など多様なスケールをカバーし，アクセサリーやフィギュアのラインナップも充実している．

電車ごっこグループ

野岩鉄道6050型のリニューアル工事を記録したDVDとブルーレイ．左の町田 彩香さんがナレーションを担当した

鉄道グッズや中古鉄道模型を扱う電車ごっこグループ．本イベントに向けて開発した国鉄形車輛がデザインされたトートバックや野岩鉄道とコラボした各種グッズを販売した．

機芸出版社

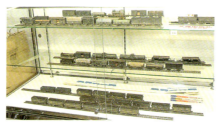

本邦随一の歴史を持つ鉄道模型専門誌『鉄道模型趣味』版元．会場では惜しまれつつ逝去された小林 信夫さんによる連載をまとめた『小林信夫の模型世界』が先行販売されたほか，誌面掲載作品のミニ作品展が行なわれた．

SHOPねこまた

"こんてにゃあ"シリーズのNスケール国鉄コンテナキットを展示．各製品とも着色済で，緑色のC10・C11形式はリニューアル再販となり，コンテナごとに色味を微妙に変えている．会場特価で5個入りのC10・C11形式が1,500円，6個入りの冷蔵コンテナR10・R13形式は1,800円．

株式会社エリエイ

月刊鉄道模型誌『とれいん』版元．モデラーやレイルファンの興味関心を的確に捉え，資料性高くまとめられた鉄道図書には定評がある．

JAMでは新刊販売のほか，誌面で活躍する辣腕モデラーによる作品展示，米国形モデルの特価販売なども行なわれた．

ミニチュア人形のYFS

フィギュアを乗せると模型が映える．1:80ではKATOの夢空間に好適な"寝台列車の乗客36名（3,000円）"や"食堂車の料理と乗客20名（3,300円）"を発売した

東京・秋葉原に店舗を構えるミニチュア人形の専門ショップ．16番・Nゲージ用を中心に職人が彩色したオリジナル製品を幅広く取り揃える．

RM MODELS

月刊鉄道模型誌『RM MODELS』版元．コミック『オオカミが鉄道模型をはじめるマンガ』『テツモ・シンドローム』等の新刊本のほか，廃コンテナや3D出力フィギュアといったオリジナル製品も販売された．

MONTA

Models IMONの中古委託品やアウトレット品を扱う店舗．会場では掘り出し物の特価市も行われ，Nゲージから12㎜，16番の真鍮キットまで様々なアイテムが来場者の注目を集めていた．

企業出展 メーカー・ショップ大集合

トミーテック （特記以外N）

鉄コレ初の新交通システム、"新交通ゆりかもめ"7300系の試作品．ゴムタイヤはダミーで、走行はNゲージ線路と金属車輪を利用したものとなる．6輛18,480円で2025年3月発売予定

完全新規製作の近鉄12200系"スナックカー"試作品．スナックコーナーなしで落成したグループの更新後を再現．4輛基本23,760円ほか3種展開で1月発売予定

485系・キハ65（北近畿・エーデル丹後）．併結時を再現した8輛セットで"エーデル丹後"は完全新規製作となる．37,400円で9月発売

16番のE231系に1000番代（近郊タイプ）が新登場．国府津車両センター所属車の機器更新後を模型化し、6輛基本Aで107,800円など3種展開．12月予定【16番】

50年に迫る歴史を持つTOMIXブランドに加え、2000年代にはジオラマコレクション（ジオコレ）ブランドを立ち上げ、二本柱で製品展開を続けるトミーテック．イベント出展時には豊富な試作品展示やトークショー等の企画で来場者の関心を集めているが、中でも鉄道コレクションシリーズより予告された"ゆりかもめ"はまさにJAM会場の地元とあって注目を浴びていた．

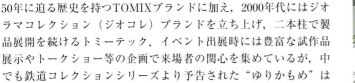
築堤大カーブレール複線化セット．既発売の築堤大カーブS字レールのインカーブ側に配置し、複線化できるR1,604の築堤付大径曲線線路である．30°分で7,700円

モーリン株式会社

新商品のペーパーキット"対向式都市近郊型ホーム"．両端部キットは2組入り4,500円、中間部キットは4,200円

スタイロフォームやパウダー類、石や砂、水面製作用樹脂、Nスケールのデカールなど情景づくりに欠かせない素材を豊富に取り揃えるモーリン．近年ではレーザーカットで簡単に組み立てられるオリジナルストラクチャーを充実させている．

アルモデル

事業継承したキングスホビーブランドの旧形客車真鍮キットに、マイネロ37260、マロネフ38が登場．それぞれ5,390円【N】

銀の凸型バテロコが1:80, 1:150で同時登場．どちらもホワイトメタル一体ボディキットで、16番は組立済・動力取付済で26,400円．Nゲージは動力装置が別途必要で7,920円【16番・N】

NゲージからOナローまで様々なスケールの真鍮キットやパーツを展開するアルモデル．汎用性の高い自社開発の小形動力装置"アルパワー"の豊富なラインナップも工作派モデラーから高い支持を集めている．

マイクロエース （N）

DE10 1500番代3種．奥から1511号機JR貨物中央研修センタータイプ、1755号機国鉄特急色、1701号機シルフィード色で、各11,660円で11月に発売された

除雪用モーターカーMCR600タイプ．北海道・西日本（奥から順）が新規設定され、既存の東日本タイプと異なり段切プラウなし．各6,600円で発売は2025年2月以降の予定

クモユニ81001（湘南色・大垣電車区）・81005（横須賀色・豊橋機関区）．セット品の年代設定などを変更し単品化．横須賀色は飯田線転入〜郵便室廃止までの短期間の姿．各9,350円で11月に発売された

かつて完成品で発売されたモデルをキット形式で再販する"MA's CRAFT"シリーズ．発売済のテラ1のほか、貨車シリーズより新アイテムの参考出品がなされた

有井製作所のNゲージブランドとしてスタートし、独自性の強い企画で存在感を放つマイクロエース．近年は既存の豊富なラインナップに対して、リニューアルや新形態での再販、キットスタイルでの発売など新たな価値を持たせる取り組みが印象的だ．JAMでは毎年恒例のイベント限定品も発売し人気を集めた．

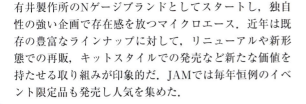
今年のイベント限定品はキユニ07＋キハ07 215．キユニ07はキハ07改造の郵便荷物車で、1960年代に四国で使用された．2輛セット10,000円

ペアーハンズ

HOナローの小型Bタンク"ソフィア改""マリリン改".組みやすさを重視して上廻りに3Dプリントを活用,足廻りは津川洋行製(コッペル用)を用いる設計.【1:87 9mm】

群馬県太田市で井上 雅男さんが営む専門店で,創業35年.真鍮エッチングキットメーカーの老舗としてNおよびナローモデラーにはお馴染みの存在.Nゲージのほかon30(1:48 16.5mm),HOn30(1:87 9mm)など軽便鉄道ものも得意としている.

わき役黒ちゃん

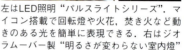

左はLED照明"パルスライトシリーズ".マイコン搭載で回転燈や火花,焚き火など動きのある光を簡単に表現できる.右はジオラムーバー製"明るさが変わらない室内燈"

"立っている人 通勤客".4体一組×16セットの64体入で,市販車輌の床面高さに合わせた設計のため簡単に満員電車が再現できる.2,420円【N】

LED照明やフィギュアを筆頭にレイアウトや建築模型関連のお役立ちアイテムを幅広く展開する専門店.会場では他メーカー・ショップとも連携,情景用品を中心とした豊富なアイテムがひしめくように陳列販売された.

ホビーショップタムタム

1975年創業.全国に20店舗を展開する総合ホビー専門店である.室内燈や各種車輌パーツ,メンテナンス用品,車輌収納用PEフォームなどの模型用品や中古の模型製品を,通常の店頭価格より割安なイベント限定価格で販売した.

鉄道ひろば

鉄道分野を中核に交通関係の機材を扱う商社,株式会社ヤシマキザイが運営する鉄道専門のフリーマーケット"鉄道ひろば"が初出展.公式HPやSNSのプロモーションを行った.また,鉄道グッズなどが当たる無料のくじ引きを実施し,賑わいを見せていた.

シモムラアレック

鉄道模型用としてベンディングプライヤー(折曲工具),スナイプ(細密保持工具),埃取りのCHIRIMO"チリモ"をイベント限定価格で販売

プラモデルの産地,静岡市で模型製作に特化したオリジナルハンドツールを開発する専門メーカー.精密加工を繰り返す鉄道模型にとって優れたハンドツールを選ぶことは作品のレベルを高め,工作に打ち込む時間を楽しく快適なものにしてくれる.

デスクトップステーション・MT40

デスクトップステーションのDCCサウンドシステム"Smile Sound".Nゲージのみならずロクハン製Zゲージへの適合品も開発中である

MT40はDCC化が想定されていないTOMIX製品向け基板にも力を入れている【N】

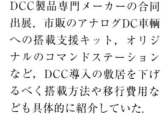

DCC製品専門メーカーの合同出展.市販のアナログDC車輌への搭載支援キット,オリジナルのコマンドステーションなど,DCC導入の敷居を下げるべく搭載方法や移行費用なども具体的に紹介していた.

メーカー・ショップ大集合 **企業出展**

天賞堂 (16番)

新サウンドシステムを搭載したダイキャスト製EF81．赤13号国鉄時代白ガイシを筆頭にツララ切りの有無，Hゴム白黒，塗色6種などを造り分け，12種類のラインナップが展示された．2025年春以降発売予定

75周年記念コンテナ付きのチキ5500・コキ5500（プラ製）．イベントと銀座店・オンラインストアでの限定販売で，1950年代の米国貨車キットを模したパッケージに収める．各7,700円

プラ製157系は塗装済サンプルを展示．準急色・非冷房車，特急色・冷改車を用意し，クロ157組込編成やジャンパ栓増設も設定される．クロは後年の185系塗装も用意．2025年春予定

16番の名門として確固たるブランドイメージを持ち，新たなチャレンジを続ける天賞堂．鉄道模型事業は戦後まもない1949年に始まり，2024年には75周年を迎えた．会場では記念製品として，特別デザインのコンテナを積載したチキ5500・コキ5500が販売された．

プラ製ディスプレイモデル"T-Evolution"の新作は京急初代1000形．京急仕様は先頭車2輌組19,800円／中間車2輌組19,250円／ありがとうギャラリー号6輌組59,400円，琴電1300形は価格未定．2025年発売

トラムウェイ (16番)

EF61（走行中連結解放用シリンダー付）とEF80（1次ヒサシ付）．予価はEF61が48,400円，EF80は50,600円

EF64 66・EF65（3～5次型）ユーロライナー色．予価はEF64が38,500円，EF65は31,900円

12系欧風客車"ユーロライナー"．展示品はT1（初期の成型サンプル）である．予価は5輌セット71,500円，2輌増結セット28,600円

地下鉄電車は参考出品で，3Dプリントによるキット形式を予定．左手前は今後展開予定のED14・16用に起こされたスノープラウで，同じく3D出力品

外国形の輸入販売に端を発し，近年では国鉄形を中心とした1:80プラ製モデルで注目を浴びるトラムウェイ．イベント出展時は輸入モデルを含む特価品の即売と並んで予定品のサンプル展示で来場者を楽しませてくれる．掲載製品はいずれも1:80／16.5㎜，特記以外は発売時期未定．

レール輸送車チキ5500形．ロングレール積載具付きは黒と赤3号の2色を設定し，5輌組53,900円と2輌組20,900円．黒仕様には50mレール積載用も用意され，こちらは3輌組31,900円となる．積載具はキット形式でユーザーサイドでの調整に対応

タキ45000/タキ35000形．2輌組各14,300～18,700円

Models IMON (製品展示) (HO 1067)

関門海峡で活躍した国鉄EF30形は昨年よりも完成形に近づいたサンプルをお披露目．上廻りはメッキ仕上げで，塗装では難しいステンレスボディの質感を再現している．1次／2次の2種を発売予定で価格は未定

北陸重機タイプ入換DL．トータルキット形式で，半田付組立教室の題材として会場先行販売された．17,600円

10系客車の新アイテム，ナハネ10を会場発表．床板・内装にはアルミエッチングを用いて軽量化が図られる．価格未定

1:87（HO）スケールで日本形の狭軌感をリアルに再現したHO1067に注力し，綿密な考証と的確な技法によって完成度の高いモデルを送り出しているModels IMON．製品展示ブースでは開発が進むEF30をはじめとする近作・発売予定品を展示，今後の新製品のパネル予告も行なわれた．

〈トークショー〉乗務員が語る蒸機時代 8
私が乗務した思い出の列車
宇田賢吉・大山 正・川端新二（ビデオ出演）

▶特設ステージ 8月18日 15：30～16：40

大山 正氏

宇田賢吉氏

川端新二氏

●忘れられない終戦の日の乗務

　乗務員の制服を着た宇田賢吉氏と大山 正氏がステージに登場，客席への敬礼からトークショーが始まった．二人とも制帽（略帽）にゴーグルを乗せている．宇田氏の左腕の機関士の腕章が誇らしげだ．

　宇田賢吉氏は糸崎機関区，大山 正氏は仙台機関区，ビデオ出演の川端新二氏は名古屋機関区に勤務しておられた．

　机に並んだものは時刻表（運転指示書），乗務のさいに使用する座布団，鞄，点検ハンマー，

　「金属部分をこのハンマーで叩いて音で異常を察知します．練習すると小さな音でも正常か異常かが分かるようになるのです」と宇田氏．

片手ショベルは1回で1kgの石炭を投炭できる

　そして，機関助士が投炭に使用するショベル，

　「ショベルには片手投炭用の小さいものと，両手用の大きなものとがあります．」

　片手用は1kg，両手用は2kgの石炭をすくうことができるとのこと．

　"七つ道具"はいずれも年季の入ったものだ．

　川端新二氏は御年95歳，矍鑠たる語りの映像から――．

　川端氏の忘れられない列車は，終戦の日の乗務．今なお鮮明に記憶に残っているという．

　「ぼくは機関助士でした．名古屋を10時ちょっと前に出る列車だったと思います．東京行の普通列車を牽引するC59に乗って，浜松の二つ手前の舞坂という駅に着くと，駅長が機関車のところに来て，『機関士さんたち，戦争は終わりましたよ』って言うんです．狐につままれたような気持ちであと2区間運転して浜松機関区に入りました」

　「列車が遅れていて浜松で折返しに3～4時間待たされるうちに日が暮れてしまいました．浜名湖には三つの鉄橋があるのですが，海からも近くこのあたりを通過する時にはキャブの照明を消し，焚口戸の火が見えないよう遮蔽幕を張ります．灯火管制ですね．この日も折返しの列車に乗務して舞坂でいつものように遮蔽幕を下ろしかけたら，機関士に『もう幕なんかいらないよ．そんなもの千切ってカマに焚べてやれ！』と言われました．ぼくは，ああそうか，戦争は終わったんだと…」

　「沿線の家の電気も点いて，浜名湖の湖面に電気が映っているのです．素晴らしいものだなぁと思ったのが敗戦の日の印象でした．その時，機関士は滅多やたらに汽笛を鳴らしていました．嬉しかったんでしょうね．しかし，蒸気機関車の汽笛はタダではありません．汽笛を10秒が石炭1kg分に相当します．機関助士にしてみればそれだけ石炭を焚べなければばりません」

　「終戦の日，ちゃんと動いていたのは国鉄の汽車だけだった．あの日でも国鉄はちゃんと動いていた．ぼくは動かした一人です」

　「ぼくが機関助士になったのは今で言う高校1年生の時でした．機関士は日露戦争の頃に国鉄に入ったとか，そんな凄い人ばかりでした．機関士は貫禄がありました．身分が歴然と違いましたね」

　「まずは入換組で笹島の貨物駅や客車区で入換作業をします．機関車はB6の一つ，ドイツ製の2400形が主でした．そのあと関西線乗務になるのです．関西線はC51やC55ですから嬉しかったですね．C57は格が上で優等列車や奈良・湊町に直通する重要列車に使用されていて，新米は乗務できません．流線形のC55も配置されていました．それが慣れてくると武豊線に乗ります．武豊線の後は，関西線のC57です．C57に乗るのは憧れでした」

　「ぼくが名古屋機関区に入った頃，C59などは新製車が来ていました．名古屋機関区にはC59

名古屋に進入するC53 4．右は関西本線の普通列車　写真所蔵：川端新二

の1・2・3号機が揃っていたんです．C59に乗ると嬉しくて．C59の問題点を洗い出し，改造などに貢献したのは名古屋機関区です．名古屋機関区がC59の育ての親だと思います．同様に3シリンダー機C53も名古屋機関区が育てたようなものでした．ぼくはC53に乗った最後のグループだと思います．」

ここで一旦川端氏の話は終わる．

続いて，宇田賢吉氏の機関車人生とは——．

宇田氏が初めて乗務した列車の記録．初めて乗務した機関車はC62だった（乗務員手帳より）

宇田氏が機関士見習として初めて乗務したのはD51 761だった（乗務員手帳より）

● 宇田賢吉氏の乗務員手帳を見る

まずは宇田氏が実際に使っていた乗務員手帳について．

「乗務員手帳は常に携帯して胸のポケットに入れていました．（投影写真の）左下は私が初めて乗務した列車の記録です．職名は"機関助士見習"．初めて乗った機関車はC62 41です．帰りはC59 164．表を見ますと左から機関車番号＝C62 41，列車番号＝240，その次の現車×換算は9輌編成×35.0（350ｔ）．その右の項目が燃料消費量で，糸崎から岡山まで87km走る間に1,250kg使用したということで，その次の"機一"というのは1km走るごとの石炭消費量，写真では14.30となっています．つまり14.3kgということです．その右に"車百"と書かれているのは客車1輌が

100km走るのにどれだけの石炭を使用したかということです．こういった記録をずっと続けておりました．手帳の様式は管理局によって異なっています」

「機関助士の仕事の第一は石炭を焚くことで，写真の投炭シーンではショベルを下に向けています．石炭をそのまま奥に放り込むと，煙管への通風によって煙突に直行してしまうものができるので，火床に叩き付けるようにするのです」

投影されたC59 173〔岡〕は宇田氏も山陽本線で乗務されており，これが後年C60 108に改造され晩年は仙台機関区の配置となって常磐線で使用され大山氏が乗務したという．これも縁である．

「機関助士になって最初に乗ったのは入換組です．糸崎駅の入換を行なっていました」

その当時の若き日の宇田氏の写真が映し出される．

1962年頃の糸崎機関区には蒸気機関車が32輌配置され，入区回数・出区回数ともに102回，つまり1時間に入区が4輌，出区が4輌，7分半ごとに機関車が出入りする勘定で，これは大変な

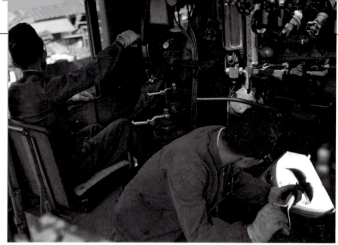
両手ショベルによる投炭．ショベルの石炭を火床に叩きつけるようにする

機関助士になってすぐは入換組で糸崎駅の入換えを行っていた

C59 173は宇田氏が山陽線で乗務し，C60 108に改造後仙台区に所属，大山氏が乗務した　写真：宇田賢吉

宇田氏が実務試験を行ったC62 17．写真は別の日だが運転席には宇田氏が座る　写真：細川延夫

1965年5月15日，宇田氏は機関士を拝命する．写真はそれ以前に機関士の腕章を借りて機関士席でポーズをとったもの

岡山機関区の9600　写真：山下修司

作業量である．

糸崎機関区にはC59の配置が多く，常に美しく整備されていた．

やがて機関助士から機関士見習になる．1965年の手帳には機関士見習発令の記載がある．

「機関車を仕事として動かしたのはD51 761が最初です．初めてD51がふわっと動いた時は嬉しかったですね．見習いの終わりには実務試験があって，私の試験はC62 17が牽引する営業列車で行いました．試験のときにどんなカマが当たるか皆心配します．クセの悪いカマは当たらないで欲しいと願ったものです．このC62 17は少しクセのある機関車でしたが，この日はどういうわけか私の思い通りに走ってくれて良い成績で合格できました」

「1965年5月15日に機関士となり，岡山機関区に転勤となります．これから地獄の9600乗務が始まるのです．岡山操車場は大きく，ハンプがありませんからそれこそ入換にこき使われました．連結・突放というのはずいぶん気を遣う仕事でした．加減弁を開いたり，閉じたりを一日行うと腕に疲労が溜まります」

「当時私は25歳で，こんな若造が機関士になったとは，今思い返すと身が引き締まります」

●ハドソンの庫・仙台機関区

さて，今度は大山 正氏の仙台機関区の機関助士時代について．大山氏は1963年5月1日に機関助士見習を拝命した．当時の仙台機関区はC59とC60・C61・C62とハドソン3形式が揃っていた．仙台機関区には旅客用大型機33輌と入換・小運転用のC11・C58が8輌配置されており，旅客機関区でD型機はいない．これら旅客用大型機に5年間乗務できたのだった．

「まず，見習はC11による仙台駅構内の入換を行います．そして，機関助士になり甲3組に入ります．この甲3組は8仕業あって，東北本線仙台〜一ノ関間，常磐線原ノ町〜仙台間の急行列車と長距離普通列車を受け持ちました．担当列車の中に〈北上〉と〈北斗〉があります．〈北上〉は〈はくつる〉に，〈北斗〉は〈ゆうづる〉にそれぞれ格上げされました」

大山氏の乗務手帳は始末書ものの事故などもなく，きれいなものである．

「乗務員の中にもツイている人，ツイていない人がいますよね」と大山氏．

「踏切事故など，偶然なんですがなぜこの人ばかり当たるのだろうと不思議に思うことも多いです．逆によいことも特定の人に集まる傾向がありますね」と宇田氏．

大山氏は振り返って，

「私の時代はすでに電気機関車が進出していて，電気機関車は帰区してパンタグラフをおろせば終わりですが，蒸気機関車の場合は使用石炭の計量やら，カマ替えやらいろいろ煩瑣なことがあります．蒸気機関車の機関助士になる者などほとんどいませんでしたから，私は物好きの部類でしたので，ずいぶん可愛がってもらいました」

「電気機関車といえば，古参乗務員を蒸機に残し，新人を電機に振り向ければ訓練の無駄がないところですが，古参乗務員からすれば新人が楽な電機に乗るなどとんでもないという空気があって，新人を蒸機，古参を電機という流れができたのです」と宇田氏．

新人が電機というながれなら宇田氏はC62に乗務することはできなかった．蒸機好きの宇田氏からすれば，「ぎりぎりのところで，いい時代に乗務員になった」わけだ．

大山氏が親しんだC59 176，宇田氏がC59時代に運転し，改造後大山氏が運転したC60 108など東北本線で活躍した蒸機が次々にモニターに投影される．

「仙台機関区はC61の庫といわれ，約20年にわたって主力機となっていました．仙台〜青森間で特急・急行を牽引しストーカーをフル回転させ活躍していました．常磐線経由で上野まで入っ

運転初日のブルートレイン〈はくつる〉．東北本線仙台以北の主力機は仙台機関区のC61だった．　仙台　写真：柏木璋一

青森までC62を入線させるため小樽築港機関区からC62 42が仙台機関区に転入，重油併燃の試験を行う計画だった．　仙台　写真：大山 正

乗務員が語る蒸機時代 8

C62のキャブに乗り込む大山氏．これは腕章を借りた記念写真

てもいましたが，こちらはC62の陰に隠れた存在でした．C61のパワーはストーカーあってのものです」と大山氏は当時を振り返る．

〈はくつる〉の運転初日の写真は仙台駅で撮られたもので C61 29〔仙〕が誇らしげに先頭に立つ．もちろん，大山氏もこのブルートレイン牽引の乗務をした．

「C62 42は小樽築港機関区から仙台機関区に転入した機関車で，函館本線で急行を牽引するために重油併燃装置を装備していました．仙台機関区のC62にもこの重油併燃装置を載せ青森まで優等列車を牽かせようという計画が持ち上がり，その試験としてC62 42が転入して来たわけです．その時の仙台局の運転部長がレイルファンとしても広く知られた久保田 博さんで，『白石の峠で試運転をする時にはお前に焚かせてやる』と言ってくれたのですが，DD51が意外に早く実用化されたためC62の重油併燃改造の話は沙汰止みとなってしまったのです」

C62 42は仙台に来て1年足らずで廃車解体されてしまった．

「仙台機関区にはこのC62 42以外に6輛配置がありました．〈はつかり〉を牽引した尾久機関区の調子のよいC62を仙台にもって来たのです．ところが，仙台ではあまり活躍の場がなくて貧乏くじを引いてしまったような格好です」

1965年の盛岡電化で仙台のC61は青森までロングランがなくなり，一気に劣勢に立たされる．

川端氏の自宅でのインタビューの模様

常磐線は平機関区のC62の縄張りで，その中で仙台のC60が普通列車を受け持っていた．

「この時に仙台機関区では甲組が電気機関車，蒸気機関車が乙組，電車運転が丙組，〈はつかり〉などは気動車甲組となりました．"乙組"と聞いて凋落したものだなぁと思いました．やがて，仙台から蒸機が消え，私の乗務員人生も終わりました」と大山氏は締めくくった．

●加減弁に触れることは名誉ですよ

さて，ここからは趣向が変わって，女性現役電車運転士と川端新二氏との対談となる．ゆくゆくは蒸気機関車を運転したいという彼女だけに，話は深い．

――私は将来蒸気機関車を運転してみたいと思っておりまして，大先輩である川端さんにいろいろお伺いしたいと思っています．もともと蒸気機関車がお好きで機関士を目指されたのでしょうか．

「ぼくは子供の頃，福井にいたのですが，小学校の級友のお父さんが福井機関区の機関士で，友人と機関区に行くたびに蒸気機関車と機関士の魅力に取り憑かれていったのでした．そして，14歳で国鉄名古屋機関区に入りました．名古屋には名古屋機関区と稲沢機関区の二つがありました．稲沢機関区は貨物専門です．名古屋機関区は旅客専門です．名古屋機関区に入れたのは幸運だったと思っています．

――ご自分の中で拘りや信念はありましたか？私は電車を運転してみてブレーキとかも気になりますし，乗り心地なども最近こだわるといいますか，研究するようになってきて…．

「こだわりというのは特にありません．とにかく機関車に乗れるのが嬉しかったですね．子供のようなものです．機関助士になったときも嬉しかった．機関士になっても嬉しかった．電機の転換をやっても嬉しかった．ぼくは電車もやります．国鉄を退職する時の職名は"電気機関士兼電車運転士"なんです．ものすごい労働をやって，夏のつらさ，トンネルの中でのつらさ．機関士と機関助士の連携というか，仲が悪くてはできませんからね．蒸気機関車は二人がお互いに気を遣いました」

――喧嘩みたいになったことは？

「多少はあっただろうね，いろんなことが．交番を組む時に当直で組み合わせにいろいろ気を使ったようです．蒸気機関車は二人が緊密に力を合わせなくてはなりませんから．名古屋機関区でこんなことがありました．31列車急行〈阿蘇〉で機関士と機関助士が喧嘩になって，名古屋～米原間の乗務なのですが，機関助士が怒って降りてしまった．困った機関士は退避していた貨物列車の稲沢の乗務員に乗ってもらったのです．これは大問題になって機関助士は半年くらい乗務停止になりました」

――現在保存されている蒸気機関車を運転したいと思っている者は多くいると思いますが，私含めてそういう人たちにメッセージをいただきたいのですが．

「女性が蒸気機関士になりたいと聞いて驚きました．気をつけてやってください．蒸気機関車のレギュレターハンドル（加減弁）を操るということはちょっとやそっとではできません」

――まだ触ったこともないので…．

「本当に凄いことですよ．どえらい名誉なことです．国鉄に入ってレギュレターハンドルを握るまでには長い年月苦労を経験しなければなりません」

――自分にできるかな，という不安があります．

「ぼくは今でも感触を思い出しますが，最初，軽く握ると蒸気圧がバルブにかかるので，なんとも言えない手応えというか，扱い甲斐というか，加減弁を引く感触はいいものですよ．ぜひやってください．引くと中で補助弁が開いてそれが大きな弁の下に入ってちょっと軽くなって…．ぐぐーと引くのです．幸せですよ，そんなことができるのは」

――ありがとうございます．

「素晴らしいことですね．羨ましいです．ぼくも一緒に行ってやりたいぐらいです．生きた機関車の加減弁に触れることは名誉ですよ．あの感触はなんとも言えんなぁ」

＊

宇田氏は最後にこう語った．

「蒸気機関車の運行は死に物狂いで機関助士が石炭を焚き，機関士は死に物狂いで磨いた技術で定時運行をする．日頃の研鑽がダイレクトに反映するものです．技術の差が現れやすいものです．別の言い方をすれば，自分が上手になればなるほど，仕事は楽になっていきます．そういうことが周りから評価される空気でした．彼と一緒に組んだらよい仕事ができる，あいつと組んだらひどい目に遭う，などというのも評価の一つです．私は"蒸機スピリット"と言っていますが，これを若い人たちになんとか伝えて残したいと思っています」

（了）

第8回 フォトコンテスト
特急列車

第8回フォトコンテストのテーマは「特急列車」で，国鉄・JR・私鉄・海外などの幅広いジャンルで，268作品の応募があった．会場ではその中から大賞1名，優秀賞10名をはじめとする秀作71点を展示した．

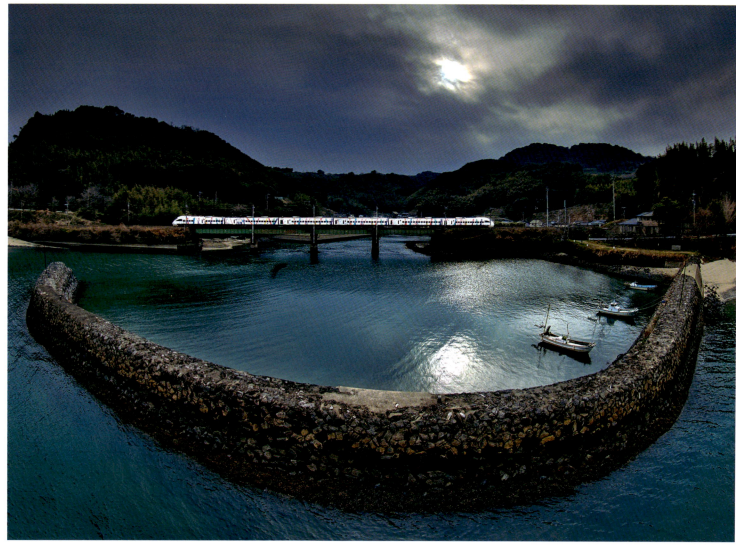

大賞／鉄橋を渡る特急かもめ　長崎本線　肥前大浦—多良　2017-3-5

長 吉秀　白いカモメ．曇り空の下，ラッピング編成が風景に浮かび上がりました．

●審査委員長
宮澤孝一（みやざわ・こういち）
昭和6年東京生まれ．昭和22年以降交通科学研究会，東京鉄道同好会，京都鉄道趣味同好会，関西鉄道同好会などに入会とともに鉄道写真の撮影を開始．早稲田大学在学時には鉄道研究会創設に参画．また，鉄道友の会創立とともに入会，会の発展に大きく貢献した．『鉄道写真 ジュラ電からSL終焉まで』をはじめ執筆多数．鉄道友の会参与．

●審査委員
都築雅人（つづき・まさと）
昭和32年千葉・習志野生まれ．新聞社系ビジネス誌を中心に活躍するプロカメラマン．ライフワークとして国内外の蒸気機関車を追う．写真展「世界の蒸気機関車 煙情日記」など開催多数．著書に『世界の蒸気機関車』『今を駆ける蒸気機関車』『魅惑の鉄道橋』『国内蒸気機関車の魅力』など多数．日本写真家協会（JPS）会員．日本鉄道写真作家協会（JRPS）会員．

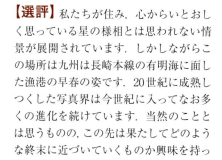

●審査委員
名取紀之（なとり・のりゆき）
昭和32年東京生まれ．ネコ・パブリッシング元編集局長．1986年より26年間にわたり『レイル・マガジン』編集長を務めた．2017年よりOFFICE NATORIを主宰．2019年4月から機芸出版社『鉄道模型趣味』編集長．英国ナローゲージレイルウェイソサエティー会員．

【選評】私たちが住み，心からいとおしく思っている星の様相とは思われない情景が展開されています．しかしながらこの場所は九州は長崎本線の有明海に面した漁港の早春の姿です．20世紀に成熟しつくした写真界は今世紀に入ってなお多くの進化を続けています．当然のことは思うものの，この先は果たしてどのような終末に近づいていくものか興味を持っています．そのようなことを改めて感じさせる思いの画面作品です．

この撮影地は以前より長崎本線を上下する列車の撮影地として鉄道ファンの姿を見ない日はないほどですが，そのポイントはこの正反対側の海沿いを走る道路の順光側からでした．この作品は恐らく船上から飛翔体を用いての作品と思い実行委員に問い合わせてもらったところ，並行する国道の橋から撮られたとのことでした．この天候状態にあってこその作者独特の世界を演出されたものと思います．特急列車と聞くと明るく華やかさをすぐ思い浮かべてきた同好の士に対して21世紀の特急列車のイメージをつきつける，まさに現代の特急列車像を強く印象づける秀作です．

（宮澤孝一）

入賞／午後のひととき
松本 誠

上野　1982-3-30

車内清掃が終わり，発車を待つ「とき」．さまざまな人たちが鉄道輸送を支えていた．

入賞／鏡の里をゆく
田中敏一

伯備線　下石見(信)　2024-5-14

この水鏡を撮りたくて深夜に家を出ました．

入賞／都会の狭間
福田奈津子

東海道新幹線　東京－品川　2024-2-18

ビルとビルの間から新幹線をぬいて撮影できることがわかり，面白い構図で撮影することができました．

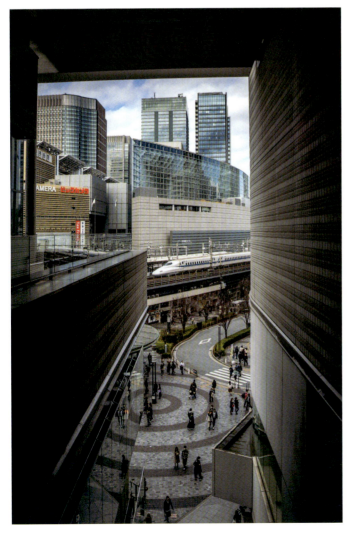

入賞／新旧特急惜別！
鈴木 靖

小田急　新百合ヶ丘－百合ヶ丘　2018-7-10

LSE 上り最終列車が奇跡的に目の前で新製間もない GSE とすれ違いました．

入賞／ループ線を行く
橋本 誠
上越線　土合－湯檜曽　1978-1-29
上り線が見渡せる山の中腹．実は地図で見つけたスキー場のはずれからの撮影．スキーリフトで登ったので，場所の割には楽な撮影でした．

入賞／激走！ 遅れカシオペア
辻森章浩
江差線　泉沢　2010-12-28
当時夜中の通過だった冬のカシオペア．上りの大遅延で下りが撮れると確信しスクランブルしました．

入賞／若い見送り人
相澤靖浩
東海道本線／東京　1959-7-19
「平和」の最終日の記録を撮りに東京駅15番線へ．最後部で大勢の若い人が楽しそうに見送っていた．

第8回 フォトコンテスト 特急列車

入賞／ぼくがのるスペーシアXが来た！
阿部 勉
東武スカイツリーライン　春日部　2023-9-16
鉄道好きの3歳の孫が，〈スペーシア X〉に乗るのを楽しみにしていました．

入賞／春のいろどり
鈴木悠史
伯備線　江尾－伯耆溝口　2024-5-3
橋に揚げられた鯉のぼりが風に吹き上がった瞬間，特急「やくも」が駆け抜けました．

入賞／桃源郷を行く
小林俊明
中央本線　新府－穴山　2019-4-13
残雪の八ヶ岳を背景に花咲く里を行くE353系．

【総評】「特急列車」というテーマから，審査員一同，いわゆる特急色や懐かしのブルートレインが数多く寄せられるのではと想像していたのですが，結果はさにあらず，私鉄特急や新幹線が目立ったのが時代の移り変わりを象徴しています．なお，引退が発表されて社会的ブームとなっている"ドクターイエロー"も相当数が寄せられましたが，検測車はテーマカテゴリーから外れるため，残念ながら上位入賞からは外させていただきました．

全体の傾向としては，デジタルカメラとプリンターの質的向上で，自家プリントでもひと昔前とは比べ物にならないほど素晴らしい仕上がりとなっていますが，その一方で画像処理が身近になったこともあって，過度な後処理が気になったのも否めません．ことに彩度とシャープネスの過剰なアップは，ご本人が気づかないうちにどんどん過激に走ってしまいかねず，結果として第三者が見てチカチカするサイボーグのような写真になってしまいます．AIが台頭する時代になりつつありますが，趣味の世界の写真は一期一会に心ときめかせてシャッターを切り，その瞬間をそのまま後世に残すことこそが基本です．どうか，そんな原点も忘れずに第9回のフォトコンテストにも挑戦してください．

（名取紀之）

審査風景　2024.7.26

〈写真展挨拶文〉

　1977年に2度目の渡欧で念願のライン川を行くTEE〈ラインゴルト〉を撮影しました．

　プロの写真家として食ってゆくためには常に新しい被写体を求めて取材旅行に出かけるものです．それは未知の世界の列車でもありました．取材してきた写真は真っ先に鉄道雑誌に売り込みましたが「ふん，海外モノなんて…」など玄関先で追い払われました．取材してきたヨーロッパの鉄道に，目を向けてくれたのが新聞社系の大形グラフ誌でした．出版写真部長が私の取材を高く評価してくれて，特集を組んで数冊に分けて掲載して頂いたのです．そして映画雑誌を刊行している出版社がプロデュースしたメジャー作品「ヨーロッパ特急」(1984・大原豊監督・武田鉄矢主演・東宝配給)という，ヨーロッパ鉄道を撮影に行った鉄道写真家をテーマにした映画が製作されました．この時点で『旅と鉄道』の版元で鉄道ジャーナル編集長の竹島紀元さんが私のヨーロッパの鉄道写真を評価して下さり，同社の刊行物で紹介されたり改めて列車追跡を担当させていただきました．

全倍パネル25点を展示

黄金時代の
ヨーロッパ特急列車

南 正時写真展より

▼TEE〈ラインゴルト〉 アムステルダム～ジュネーブ　ぶどう畑が広がるライン川左岸，古城をかすめるように快走する．西ドイツを代表する構図である．先頭に立つのはDB(ドイツ連邦鉄道)が誇る高性能機関車で，最高速度200km/h．オーバーヴェーゼル　1977

▲ TEE〈エトワール・デュ・ノール〉（パリ〜アムステルダム）「北極星号」を牽く機関車は電源が異なる国でも走れる万能型CC40100形である．最高速度は200km/hでパリ郊外を走った．Île-de-France 1978

〈セッテベロ〉ミラノ〜ローマ・テルミニ　イタリアを代表する優雅なスタイルのETR300形電車．編成両端の車輌は展望室付きで運転台は2階にある．名鉄パノラマカー，小田急ロマンスカーがデザインの参考にした．　Milano Centrale Italy

TEE〈カタラン・タルゴ〉 バルセロナ～ジュネーブ スペインのレール幅1,668mmとフランス・スイスなどの1,435mmを特殊車輪装置で自動的に変換して直通運転をする．写真は南フランスの「ルカード潟」を行く場面．

TEE〈ル・ミストラル〉 パリ～ニー 1950年パリ～マルセイユ間で運を開始．1952年にニースまで延された．当初より列車番号は1・2車でフランス国鉄を代表する豪華車であった．1965年からTEEとる． Gare de Lyon 1977

TEE〈エーデルワイス〉 チューリヒ～アムステルダム アルプスの可憐な花, エーデルワイスから命名されたこの列車は, TEE創成期の1957年から1979年まで走り続けた. 車輛は1977年以降, スイス国鉄のRAeTEEⅡ形電車が使われた.　　Zürich Hbf 1978

IC〈プリンツレゲント〉 フランクフルト～ミュンヘン ドイツが誇る高速気動車VT11.5形によるインターシティで, かつてはTEEとして走っていた. この気動車は今でも保存され時々イベントで走っている.　　München

〈ペンドリーノ〉 ミラノ～ローマ 1988年に営業を開始したイタリア初の振り子電車で, 最高速度は250km/h. 日本の新幹線に似たレトロな流線形で人気があったが, 2015年に運転を終了している.　　Milano Centrale 1989

TEE〈シザルパン〉 パリ～ミラノ パリからスイスを経由してアルプスを越えてイタリアのミラノまで走っていたTEEで, 美しい風景の中を走った.　　Montgeron France 1981

懐想のブルートレイン

南 正時写真展より

〈写真展挨拶文〉

　勁文社という出版社で「鉄道大百科」というシリーズ本を担当するようになると，当時人気が出始めた寝台特急の同乗記を企画した．乗れば金がかかるので出版社は二の足を踏んだが，そのころ「ブルートレイン」という言葉が出て，鉄道少年たちが色めきはじめた．私のブルトレ同乗記の始まりは，ある週刊誌のグラビア企画で「さくらに乗って異国情緒」とかいうタイトルでモデルを乗せて「さくら」で旅した．これが意外に評判が良く，グラビアを勁文社の編集者に見せたところ「これで行こう！」ということで，寝台特急「富士」の日本一の長距離ブルトレ同乗記が決まった．私の好きな映画「大いなる驀進」は「さくら」の乗務員のドラマを描いたもので，取材はそれに似た場面を想定して国鉄の取材許可も得て西鹿児島までの同乗記を決行した．

　この同乗記を掲載した勁文社の大百科シリーズ3冊めの「特急・急行大百科」はたちまち版を重ね，同シリーズ中最も売れた本になった．このブルトレ同乗記の成功によって，私の鉄道写真の取材活動もようやく軌道に乗ってきたのだ．

　全国をくまなく乗って撮り歩いたブルートレインと特急列車は，私の鉄道写真家人生の集大成といえる．

全倍パネル26点を展示

湯河原のカーブを行くEF65P型牽引の，栄光の2列車〈さくら〉．P型でピンクの花びらのヘッドマークは珍しい．　東海道本線　湯河原－真鶴　1975

三島－函南の富士山バックの撮影名所．早朝の〈あさかぜ〉の時間には晴れていても，〈富士〉通過する9時前になると雲が湧きやすく，富士山と〈富士〉の組み合わせは難しかった．まだ木製架線柱の時代． 東海道本線 三島－函南 1978

多々良川橋梁を渡るEF81 410牽引の〈あさかぜ〉．ヘッドマークは"お椀型"と呼ばれる山陽西部・九州で使用された独特の形状．EF81 400番代は関門トンネル用として基本番代に重連総括機能を付加したタイプである． 鹿児島本線 香椎－箱崎

現在，ステンレス車体最後の1輌となったEF81 303牽引の〈みずほ〉．"銀ガマ"本来の用途である関門間で使用されている姿． 山陽本線 門司 1985

大井川橋梁を渡るEF65 1094牽引〈はやぶさ〉．牽引機がEF65PからPFに替わってまもない頃． 東海道本線 島田－金谷 1978

モデラー出展

コード	名称
CM01	13ミリゲージャーの集い
HM06	3 cars
AM06	369MKS
FM02	DCC CRAFT CLUB
DM14	Formosa Rail Club(台湾鉄道)
DM04	Gauge One World
EM03	HN モジュール東京クラブ
DM06	HO スケール日本型を楽しもう (HOJC)
AM10	HTL-INVERTER
FM06	IHT モジュール倶楽部
AM03	J-TRAK Society (ジェイトラック ソサエティ)
FM09	J 国際鉄道クラブ
HM11	K-SOL かわてつソリューションサービス
DM16	M8 (エムハチ)
FM01	MOMO 鉄道模型クラブ
EM02	Narrow Gauge Junction
EM04	North American Model Railroad Club (NAMRAC)
DM05	Pacific Express
FM08	pagos
DM13	Panda NEKO No.1・mr0123ma・た625 共同チーム
AM11	RFC (Railway Fan Club)
FM10	S&BR
DM02	Sound Rail Park
FM17	Tsudanuma Indoor Railway
DM18	TSUKURIBITO
FM16	TT9 クラブ
AM05	飽き性モデラー＆B作
DM08	岩倉高等学校　鉄道模型部
HM15	インピーやしがに＆アトリエトレイン（アトリエ MORIJI）
DM15	うみ電☆やま電
HM08	エゾゼミ電車区
HM07	追兎電鉄株式会社
FM04	オカ・ジョーキーズ
AM01	奥利根鉄道倶楽部
AM08	架空鉄道組合（仮）
HM05	加東 富美男 s'room
FM03	紙鐵　九粍會
FM14	関西学院大学 鉄道研究会 模型班 OB
HM04	木こり鉄道　やまなみライン
FM13	キハ模型部
HM02	ギミック 2024
EM01	狭軌の美学（プロト・サーティーンクラブ）
AM09	激団さんぼーる
FM15	五吋小鉄道之会
DM17	相模原鉄道模型クラブ
DM10	芝浦工業大学附属中学高等学校 鉄道研究部
FM18	渋谷区立代々木中学校 鉄道研究部
FM12	自由環状線（北急・鈴鉄）
DM20	自由奔放線
HM12	上州モントレーライン
AM02	新幹線走らせ隊
HM13	西武文理大学
DM12	卓上電鉄
HM14	多摩あかつき鉄道
CM03	チームおやびん
HM01	鉄ちゃん倶楽部
FM20	鉄道模型コミュニティー「模輪」
DM07	東京運転クラブ
FM11	どうする理論破綻！　FWH 鉄道
HM09	ドールトレインコンセプト（LOCOCORO）
AM07	日本大学第三中学校・高等学校鉄道研究部
DM01	蓮田第一機関区
DM03	平井鉄道 with わり
HM17	ポッポ屋
CM02	マイクロエース 103 系キット　共作を楽しもう
HM03	めがね橋を渡るアプト式の列車
FM05	やすきちとスギちゃん
AM04	結伝社
DM19	ヨ
BM01	横須賀鉄道模型同好会
DM11	ランドスケープ PJ ～現実風景をジオラマに～
FM07	零番三線の会
DM09	ワイヤレス式鉄道模型
HM10	「わたくし流てづくり」ぷちテック＆VISTA 工房＆藤田ラボ

※団体名・企業名は五十音順となっています。

第23回 国際鉄道模型コンベンション2024

開催日：2024年8月16日（金）・17日（土）・18日（日）
会　場：東京国際展示場（東京ビッグサイト）東1ホール
主　催：国際鉄道模型コンベンション実行委員会
協　賛：特定非営利活動法人　日本鉄道模型の会
　　　　上記協賛支援企業　KATO　GREEN MAX　とれいん　ポポンデッタ　ホビーランドぽち　TMS　Models IMON
　　　　上記協賛企業／（有）ラディッシュ，（有）よろず表現屋，（有）クラフトサカモト企画

■国際鉄道模型コンベンション実行委員

実行委員長
小室 英一
（株）井門コーポレーション
製造部

山森 幹康
モデルス井門 渋谷店

府川 雄一
（株）井門コーポレーション
営業部

髙場 由佳
（株）井門コーポレーション
社団法人運営室

小山 和也
（株）井門エンタープライズ
情報システム部

松﨑 陵
（株）井門エンタープライズ
営業部

福田 涼夏
（株）井門エンタープライズ
営業部

井門 竜之助
モデルス井門 渋谷店

山下 修司
（株）井門エンタープライズ
営業部

【取材・執筆】足立 繁和〔イベントダイジェスト・モデラー出展〕
　　　　　　佐藤 鉄雄〔企業出展／モデラー出展〕
　　　　　　髙松 弘道〔企業出展〕
　　　　　　岩本 大介〔企業出展〕
　　　　　　青木 啓悟〔企業出展〕
　　　　　　奥 陽平〔モデラー出展〕
　　　　　　松尾 よしたか〔クリニック・撮影〕
　　　　　　川崎 大輔〔鉄道模型競技会〕

【撮　影】青木 浩司／金盛 正樹
　　　　　深沢 誠／松本 正敏
　　　　　山中 洋
【デザイン】太田 安幸／なんこう
【取材協力】『RM MODELS』編集部
【協　力】『鉄道模型趣味』編集部

第23回 JAM 国際鉄道模型コンベンション公式記録集

発行日：2025年1月1日

発　行：国際鉄道模型コンベンション実行委員会
　　　　〒140-0011　東京都品川区東大井5-15-3（株式会社井門コーポレーション内）
　　　　Ｕ Ｒ Ｌ：https://kokusaitetsudoumokei-convention.jp
　　　　Ｔ Ｅ Ｌ：03-3450-3499（直通）
　　　　Ｆ Ａ Ｘ：03-3450-2516
　　　　e-mail ：info@kokusaitetsudoumokei-convention.jp
発行人：小室 英一
発　売：株式会社 機芸出版社
　　　　〒157-0072　東京都世田谷区祖師谷1-15-11
　　　　TEL 03-3482-6016
編　集：月刊『とれいん』編集部
印刷所：昭栄印刷株式会社

© 2024 JAM CONVENTION 2024　Printed in Japan　ISBN978-4-905659-29-7　　※本書掲載内容の無断複写および転載を禁じます